Gisela Hermann
Heidi Riedel
Robert Schock
Brigitte Sommer

Das Auge schläft bis es der Geist mit einer Frage weckt

Krippen
und
Kindergärten
in Reggio/Emilia

Impressum

FIPP - Verlag
Fortbildungsinstitut für die
pädagogische Praxis
Elßholzstr.4, 1000 Berlin 30
Telefon 030 - 216 60 04

Fotos:
Gisela Hermann
und Material aus Reggio/Emilia

Umschlaggestaltung und Layout:
Gerhard Wilhelm

Herstellung:
Synanon Berlin, 25 000 1-0

1. Auflage:
5.000 Stück, 1984

2. Auflage:
3.000 Stück, 1985

3.Auflage:
5.000 Stück, 1987

4. Auflage:
5.000 Stück, 1989

Inhaltsverzeichnis

Vorwort

Im Juni 1981 fuhr eine Gruppe von Berliner Beratern für Kindertagesstätten nach Nord-Italien, um ein in Reggio/Emilia entwickeltes pädagogisches Konzept für öffentliche Kleinkinderziehung (0-6 Jahre) kennenzulernen. Was die Gruppe dort sehen konnte und verarbeiten mußte, war neu und beeindruckend. Diesen eigenen - nicht glatten, sondern widerborstigen - Prozeß wollen wir dem Betrachter und Leser der vorliegenden Dokumentation nicht vorenthalten.

Deshalb haben wir versucht, dem Weg vom subjektiven Empfinden bis hin zum Entdekken eines begründeten Konzeptes und seiner Umsetzung und Gestaltung in der pädagogischen Praxis zu folgen.

Entsprechend sind die Kapitel der Broschüre zusammengestellt:
Das Aufnehmen der ersten, noch oberflächlichen Eindrücke, Fragen, die sich daraus ergaben, die stärkere inhaltliche Auseinandersetzung über die Projekte und schließlich eine Aufschlüsselung der uns am wichtigsten erscheinenden Fakten über Rahmenbedingungen, pädagogische Vorgehensweisen und Elternmitwirkung.

Den Mitarbeitern des Pädagogischen Zentrums und der Krippen und Kindergärten in Reggio/Emilia danken wir dafür, daß sie uns so großzügig an ihrer Arbeit teilhaben ließen.

Unterwegs nach Reggio/Emilia und erste Stadteindrücke

Wir fahren im Juni unter blaßblauem Himmel nach Reggio. In der Po-Ebene sammeln wir diese Eindrücke, die sich im Kopf zu einem Bild verdichten: hinter Deichen Flußläufe, lange, schnurgerade Pappelreihen, saftiggrüne Felder, zu schwingenden Girlanden aufgebundene Weinreben, lila Iris an den Gartenzäunen und Mohn, weite Felder mit leuchtend rotem Mohn. Das Land sieht fruchtbar aus, feucht und schwer, als könnte es seine Bewohner gut ernähren. Die bunten Reklametafeln an den Ortseingängen versprechen frischen Wein und kräftigen Käse.

Bauernhäuser liegen weit verstreut. Ihre riesigen Einfahrtstore gleichen großen Mäulern, die die Ernte des Jahres schlucken und verarbeiten.

Wir nähern uns Reggio und sehen um die Stadt herum kleine Industriebetriebe, Genossenschaften zur Verarbeitung landwirtschaftlicher Produkte, Neubausiedlungen mit sechs- bis siebenstöckigen Häusern und viel Grün.

Ich biege mit dem Auto auf den Ring ein, der das historische Zentrum der Stadt umgibt. Kleine Straßen schleusen den Verkehr auf Parkplätze am Rande des Zentrums - und dann muß ich aussteigen, zu Fuß gehen oder den Bus benutzen. Zuerst sehe ich mich erstaunt um: solche Massen von Fahrrädern sind doch nur in Holland unterwegs! - erinnere ich mich. Aber hier? Die Fußgänger gehen mitten auf der Straße, die wenigen Autofahrer verhalten sich überaus rücksichtsvoll. Dann beginnt es mich zu amüsieren, zu freuen; ich gehe probeweise auf der Straße. Das ist nicht gefährlich, sondern macht Spaß. Ich empfinde es plötzlich als mein uraltes, wiederentdecktes Recht, mich nicht ständig von Autos jagen zu lassen. Und so kann ich in Gelassenheit die Stadt besehen, die nicht staubig und hektisch ist wie Mailand, nicht überflutet von Touristen wie Venedig. Dieses Reggio/Emilia sehe, höre und rieche ich wie eine ganz normale Stadt, in der ich als Fremde in Ruhe meinen Cappuccino trinken, mich im Park erholen und abends gut essen und trinken kann.

Überall stehen Gruppen von Menschen und reden miteinander, Mütter mit Kindern, Jugendliche, alte Männer und Frauen.

Am Abend findet auf einem wohnstubenartigen Platz eine Versammlung statt. Im vorderen Teil des Platzes sind Stühle aufgestellt, in der restlichen Hälfte haben sich Fahrradfahrer eingefunden, die an und auf ihren Vehikeln lehnen, sitzen und stehen und der Diskussion zuhören.

Im Restaurant unter den Arkaden, das bis auf den letzten Platz gefüllt ist, geht es nicht gerade leise, aber hörbar vergnügt zu. Die runden Gesichter der vier Männer, die kochen, zapfen, servieren, verraten deutlich die Herkunft aus derselben Familie.

Morgens auf dem Markt werden Gemüse und Früchte der Emilia Romagna so ausgestellt und angeboten, daß es eine Pracht ist und auch die Augen zu tun haben. Frauen und Männer prüfen mit viel Kenntnis, ehe sie kaufen.

Die ersten Begegnungen mit den Reggianern und ihrer Stadt machen neugierig: wie leben und arbeiten die Menschen? Haben sie sich einen Ort geschaffen, der so menschenfreundlich ist wie er aussieht? Gehört diese Stadt ihren Bewohnern?

Wir waren gekommen, um die Erziehung der jüngsten Bewohner dieser Stadt, die öffentliche Kleinkinderziehung, kennenzulernen. Durch unsere Eindrücke wird das Interesse auf die Frage gelenkt: welche Bedeutung haben die Kinder in dieser Kommune, die uns fesselt, weil sie Entscheidungen getroffen hat, die offensichtlich die Menschen in den Mittelpunkt stellt?

Auf dem Weg durch Krippen und Kindergärten

Dieser Kindergarten liegt in einem Park am Zentrum der Stadt. Der Bau ist einstöckig, von außen wirkt er überschaubar.

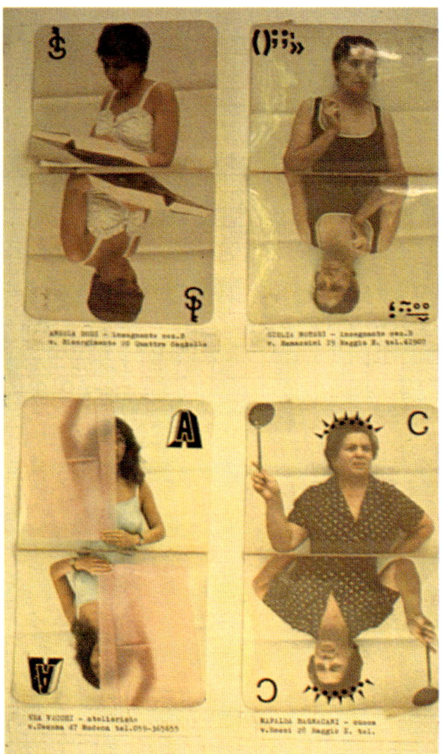

Wir kommen in den Eingang; auf der einen Seite lernen wir alle Mitarbeiter kennen, fotografiert mit typischen Gegenständen für ihre Arbeit.

Da schwingt die Köchin den Kochlöffel wie ein Zepter und trägt als Zeichen ihrer Wichtigkeit - Essen und Trinken hält Leib und Seele zusammen - eine Königskrone.

Auf der anderen Seite finden wir Bilder und Texte von Projekten der Kinder, um die Eltern zu informieren. Hier ist es das Zebra, ein Spiel zwischen Realität und Phantasie: Das Foto eines Zebras, ein auf die Wand gemaltes Zebra und das bewegliche Zebra, unter dessen Haut eine Erzieherin steckte. Nachdem die Kinder sich mit der Gestalt, der Bewegung und dem Lebensraum des Zebras befaßt hatten, entstand als Abschluß des Projektes diese Darstellung eines Zebras.

Und dann sind wir schon in der großen Eingangshalle, Mittelpunkt des Hauses – Ausgangspunkt für alle weiteren Räume.

Als erstes fesselt uns das blaue Rondell, die Verkleidungsschnecke. Wir gehen hinein, innen ein Spiegel so hoch wie ein Kind und lauter Haken mit Umhängen, Kleidern, Hüten, Tücher; da kann man wählen: Prinzessin, Ritter oder... oder...

Hier steht das Spiegelzelt: du schaust hinein, kriechst hinein... ein Kopf... vier Arme... acht Beine, legst dich auf den Rücken und siehst dich hundertfach... unendlich... in der Kristallpyramide.

Ein Kaleidoskop. Die Kinder schauen hinein und sehen bunte Kristalle. Sie drehen die Trommel, und wunderliche Mosaike setzen sich zusammen. Und was sehen sie von der anderen Seite?

Wir sehen weiter in einen kleinen von Fenstern umgebenen Innenhof.
99 verschiedenartige Grünpflanzen ranken sich aneinander.

Auf der anderen Seite ein großes Bild-Dreh-Spiel, mit dem wir einen Kamel-Fisch oder eine Nashorn-Giraffe zusammensetzen können, ganz wie es Spaß macht.

Wir drehen uns um und werfen einen Blick in den Speiseraum der Kinder. Längere Tische wechseln ab mit Vierergruppen, Blumen, eine Speise-Foto-Karte für die Kinder – Restaurantatmosphäre.

Wir schauen durch Fenster in die Räume. Da ist eine Werkstatt für Kinder, eine Vielfalt von Material, Papieren, Stifte in Augenhöhe der Kinder und fertige Produkte.

Eine Kindergruppe sehen wir in ernster Arbeitsdiskussion mit der Werkstattleiterin.

Auffällig ist, daß es kaum fertiges Spielzeug gibt, dafür aber eine Fülle von Dingen, deren Aussehen, Farben, Formen, Strukturen zum Betasten, Zuordnen, Verändern reizt - auch uns Erwachsene.

Zum Beispiel Ton: ein Material, das die Kinder anregt, es anzufassen, zu formen und neu zu gestalten, das Kreativität und Fantasie freisetzt.

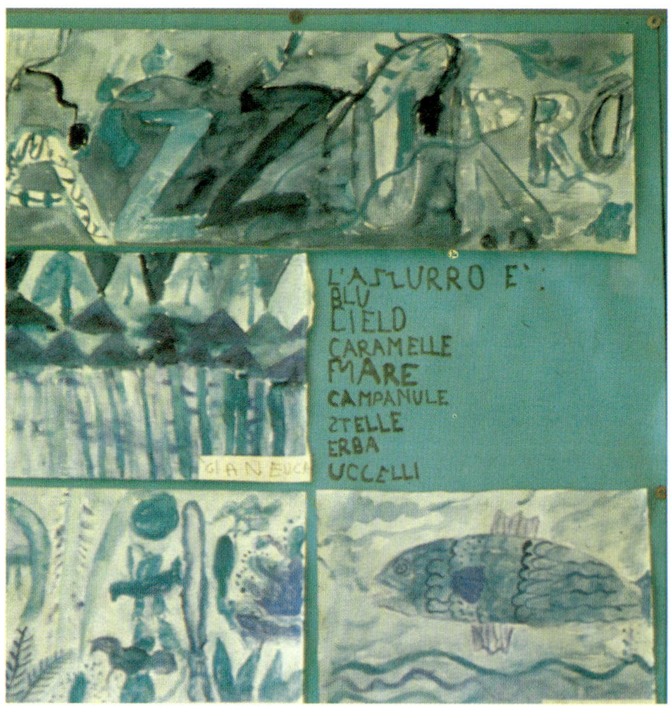

Das Blau ist blau, Himmel, Bonbon, Meer, Kräuter, Sterne, Glockenblume, Vögel.

Die große Bedeutung, die dem Essen zukommt, zeigt sich auch in der Vielfalt der Speisen und ihrer Dekoration – „das Auge ißt mit". Auch für die Kleinsten gibt man sich Mühe, und das lohnt sich – es schult fürs ganze Leben.

Die Küche ist wichtig. Deshalb liegt sie zentral.

Die Kinder können durch große Fenster, die in Augenhöhe beginnen, hineinsehen und dürfen sie auch betreten. So erleben sie die Köchin bei ihrer Arbeit und lernen die verschiedenen Phasen der Essenszubereitung kennen. Porzellangeschirr und Tischtücher für die Kinder gehören zum Alltag. Die Erzieherinnen „bedienen" die Kinder und tragen zur freundlichen Atmosphäre bei.

Auch in den Toiletten- und Waschräumen sind Spiegel und Spiegelkacheln angebracht, damit die Kinder sich immer wieder und in jeder Bewegung sehen können.

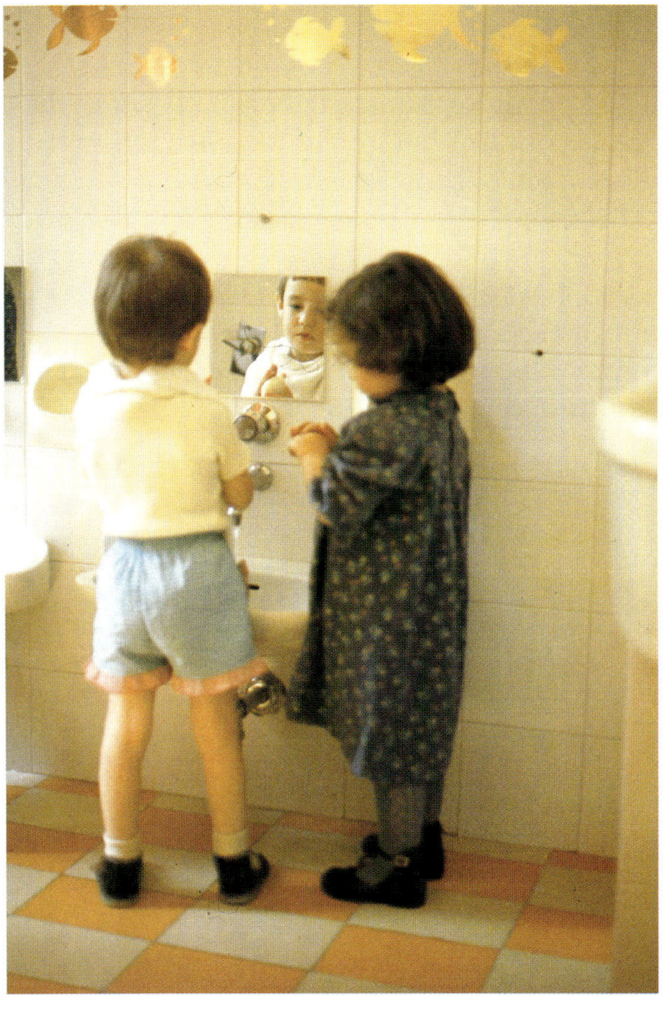

Für die Kleinsten sehen wir „Schnabelbekken", ein Mittelding zwischen Topf und Erwachsenentoilette, auf denen die Kinder bequem sitzen und Halt haben.

Wir trauen unseren Augen nicht

Wir haben viele schöne Dinge und Bilder gesehen, aber das können doch nicht Werke von 4- oder 5jährigen Kindern sein. Haben das die Kinder wirklich selbst gemacht?

Dazu sagt uns die Werkstattleiterin: Ja, die Kinder machen alles selbst. Aber wir arbeiten viele Jahre mit ihnen, um ihre Wahrnehmung zu lenken, ihnen das Sehen von Gegenständen, Bewegungen, Zuständen zu ermöglichen und diese Erfahrungen umzusetzen in Farben und Formen.

Einige Kinder möchten eine großen Sonne malen und beginnen mit der Farbe Rot. Dann kommen sie und fragen: „Welche Farbe hat die Sonne noch?" Daraufhin habe ich sie in den Garten geschickt, damit sie entdecken, wie die Sonne ist: Wie färbt sie den Boden? Wie fühlt sie sich auf dem Arm an? Sie kamen wieder und sagten: „Die Sonne ist heiß," und ich schlug ihnen vor: „dann malt die Sonne doch heiß!"

Gruppenräume

Wir nehmen uns Zeit, um die Gestaltung des Raumes, das Licht und die Farbe auf uns wirken zu lassen.

Alte und neue Möbel, große Kissen, Körbe und Truhen sind Spielgegenstand und Möbel in einem.

Der Boden ist teilweise mit Teppich ausgelegt. Bilder, Pflanzen und liebevoll ausgewählte Einzelgegenstände machen den Raum wohnlich.

Beinahe in jedem Gruppenraum befindet sich eine Treppe oder ein Podest. So läßt sich auf verschiedenen Ebenen Einblick und Übersicht gewinnen.

Die Gruppenräume sind in Funktionsbereiche unterteilt.

Um ungestört mit seinem Freund zu reden, braucht man einen Platz, um sich zurückzuziehen; zum Puppenspiel braucht man Kissen und Körbe, die groß genug sind, sich selbst hineinzusetzen.

Eine Spielecke ist die Küche. Wie zuhause ist sie eingerichtet mit Möbeln, Porzellangeschirr, schönen Gläsern, Gewürzen, Sieb und Pfanne.

Abgetrennt durch Wandschirme und Tücher, die von der Decke hängen, gibt es eine Verkleidungs- und Schminkecke. Kleider, Bänder, Spitzentücher, Fächer, Hüte, Schirme, Taschen, Stöckelschuhe, Schmuck und Blumenkränze liegen zum Rollenspiel bereit, vor großen und kleinen Spiegeln stehen die Schminkutensilien.

Das Material zum Spielen, Gestalten und Lernen haben Eltern, Erzieher und Kinder gesammelt, reichhaltig sind Regale und Borde damit gefüllt.

In Gläsern werden Steine, Sand und Äste aufbewahrt, Knöpfe, Pailletten, Nägel, Reiskörner oder Perlen.
Die Schachteln sind gefüllt mit Spitzen, Bändern, Borten, Stoffresten, Papieren und Folien aller Art.
Wie kleine Schmuckstücke liegen die Muscheln im Regal. Der Aufforderungscharakter des Materials und die übersichtliche, gut erreichbare Aufbewahrung ermuntern die Kinder zum aktiven Handeln.

Uns sind die vielen Spiegel aufgefallen an Wänden, Türen oder an der Decke, Eckspiegel, Zerrspiegel und ein kleiner dreiteiliger Spiegel, der ein Bild bis ins Unendliche wiederholt.

Der Spiegel regt das Kind an, sich selbst genau zu betrachten, Vergnügen daran zu finden, in andere Rollen zu schlüpfen und Mimik und Gestik als Ausdrucksmittel zu erproben.
Er gibt die Möglichkeit, daß sich das Kind im Gruppenzusammenhang wahrnimmt und die Aktivitäten der anderen Kinder beobachten kann.
Und er ist Spielgegenstand, der die Wirklichkeit verfremdet: neue Bilder entstehen, die das Auge treffen.

Die Wände werden genutzt zur Darstellung und Offenlegung der pädagogischen Arbeit. Dadurch erfahren die Eltern, wie ihr Kind in der Einrichtung lebt. Sie werden für die Inhalte der Kindertagesstättenarbeit interessiert und können mit den Erziehern darüber sprechen.

Die von den Kindern gestalteten Werke schmücken die Wände.

Das Kind weiß, daß seine Arbeit ernstgenommen wird. Es stellt seine Fähigkeiten dar und die Eltern erfahren das.

Die Werke der Kinder an den Fenstern und ein bemalter Folienvorhang zeigen die veränderliche Beziehung zwischen Licht und Farbe.
Innen- und Außenbereiche, Vorder- und Hintergrund stehen in Beziehung zueinander.
Formen und Strukturen werden sichtbar.

Der Prozeß der Wahrnehmung

Wahrnehmen ist mehr als nur ein Reagieren der Augen auf Reize. Es ist ein aktiver Vorgang, in dessen Prozeß sich das Kind mit all seinen Sinnen seine Umwelt aneignet, die Welt für sich persönlich neu „erschafft". Der Einsatz aller Sinne, wie Sehen, Hören, Tasten, Riechen und Schmecken, verstärkt das Erleben, Erforschen, Lernen und Verstehen. Für das Kind ist das Wahrnehmen ein In-Beziehung-Setzen zwischen Gegenstand, Menschen und persönlicher Erfahrung.

Die geistigen Fähigkeiten des Kindes entwickeln sich in Wechselbeziehung zu seiner Umwelt: Das Kind ist auf die Reize und Informationen durch seine Umgebung angewiesen. Es hat die Fähigkeit, diese seiner Altersstufe entsprechend auszuwählen und umzuformen – es ist ein aktiver Lerner.

Die Entwicklung von Methoden der Wahrnehmung und der persönlichen Verarbeitung ist ein Prozeß, der sehr früh beginnt und ein Leben lang fortdauert. Ohne die Fähigkeit, das Wahrgenommene zu verstehen, gedanklich zuzuordnen und in Beziehung zu setzen, kann das Kind das Aufgenommene nicht behalten und umsetzen.
Die Vielfältigkeit der erforschenden Wahrnehmung verwandelt sich in Reichtum des Bewußtseins, des begrifflichen Vorstellungsvermögens, des ästhetischen Empfindungsvermögens, der Fantasie und des Darstellungsvermögens, der sprachlichen und nichtsprachlichen Ausdrucksfähigkeit.

Der Prozeß der Wahrnehmung als Aneignung der Umwelt wird angeregt und gesteuert durch die sozialen Bereiche, in denen sich das Kind befindet, in Familie, Krippe, Kindergarten, Schule usw.

Diese Erkenntnis bestimmt die pädagogische Konzeption und die tägliche Praxis in den kommunalen Krippen und Kindergärten in Reggio. In Zusammenarbeit zwischen dem Pädagogischen Zentrum mit seinem Leiter, Dott. L. Malaguzzi, den Beratern und den Mitarbeitern in den Einrichtungen wird dieses Konzept ständig überprüft und weiterentwickelt.

Sich auf den Wahrnehmungsreichtum des Kindes einzulassen, bedeutet, die kindliche Entwicklung ernst zu nehmen und an seinen Fähigkeiten teilzuhaben.

„Das Auge und der Verstand des Kindes verlangen nach Hilfe, das Bleibende und den Wandel der Dinge aufzunehmen und dabei das Wesentliche der neuen Beziehung zu entdecken." (Malaguzzi)

Das Kind braucht sowohl völlige Freiheit in der Wahrnehmung als auch bei der Gestaltung und Darstellung. Es braucht aber ebenso Anleitung und Hilfe zur Strukturierung seiner Wahrnehmung.

Beide sich bedingenden Aspekte sind die Voraussetzung für die bewußte Förderung a l l e r Sinne, für die geistige Entwicklung des Kindes, die Entfaltung seiner Identität und seines gegenwärtigen und zukünftigen gesellschaftlichen Bewußtseins.

Die Prozesse der Wahrnehmung, Aneignung und Gestaltung stehen im Mittelpunkt der täglichen pädagogischen Arbeit und nicht „Kunst als Produkt", wie die ästhetisch schönen Ergebnisse beim ersten Blick vielleicht vermuten lassen. Der Prozeß der Umsetzung ist kompliziert und fordert von den Erziehern Kenntnisse, Fantasie, Engagement und das Ernstnehmen der kindlichen Fähigkeiten und Bedürfnisse.

Projekte aus der Arbeit im Kindergarten

Die folgenden Skizzen über Projektverläufe haben wir zusammengestellt aus eigenen Beobachtungen in Reggio, Dokumentationen und Berichten.
Diese Projekt-Aufzeichnungen sollen also keinen lückenlosen Gesamtüberblick geben, sondern Absichten, Ziele, Inhalte, Herangehensweisen und vielleicht ein bißchen „pädagogisches ambiente“ vermitteln.

Giorgia entdeckt den Garten

Giorgia ist knapp vier Jahre alt. Mit einem gleichaltrigen Kind und zwei Erzieherinnen sitzt sie vor dem Eingang ihres Kindergartens. Unmittelbar vor ihnen liegt eine große Platte mit dem Modell des Kindergartengebäudes darauf. Neben der Platte stehen alle „Einrichtungsgegenstände” des Gartens, der das Haus umgibt: Bäume, Sandkasten, Klettergeräte, Kriechröhre, Grashügel, Brücke usw.

Giorgia und ihre kleine Freundin sollen versuchen, die Gegenstände, die wahllos herumstehen, nacheinander so um das Modellhaus herum zu arrangieren, daß sie ihren tatsächlichen Standorten entsprechen.

Sie beginnen mit dem Zaun. Seine Lage und Funktion ist offensichtlich klar. Wenn sie morgens in den Kindergarten kommen, müssen sie durch die Pforte im Zaun.

Doch dann zögert Giorgia. Sie weiß nicht, womit sie weitermachen soll. Irritiert sie die große freie Fläche? Ist die Kriechröhre vor oder hinter dem großen Baum? Die Erzieherin macht sich mit Giorgia im Wägelchen auf den Weg um das Haus herum. Die Freundin und die andere Erzieherin begleiten sie, und gemeinsam sehen sie sich den Garten an. Unterwegs halten sie oft, betrachten die Höhe des Hügels, beobachten eine Eidechse, spielen mit Sand, fassen den Baumstamm an. Giorgia *erfährt* die Bodenunebenheiten, den Sand, das Gras, den Kies, die Steinplatten des Weges.

Zurückgekehrt, lassen sich alle wieder vor dem Modell nieder. Giorgia und das andere Mädchen beginnen zuzuordnen. Abwechselnd nehmen sie nacheinander je einen Gegenstand in die Hand, prüfen mit den Blicken seinen Ort im Gelände und stellen ihn dann an seinen Platz.
Dabei spricht die Erzieherin mit ihnen, fragt nach dem Gegenstand, nach seiner Funktion, bestätigt, wenn die richtige Zuordnung gefunden wurde, vertieft durch Fragen.

- Was ist die Kriechröhre?
  Was tut man damit?
- Ist die Kriechröhre größer oder kleiner als der Grashügel?
- Wo ist der Sandkasten?
  Ist er hinter dem Baum?
- Wenn du um die Platte herumrutschst, bist du hinter dem Haus. Wo ist dann der Sandkasten?

Giorgia überlegt und arbeitet sehr konzentriert. Es macht ihr sichtlich Vergnügen. Sie ist befriedigt, wenn sie wieder ein Gerät an seinen richtigen Platz gestellt hat. Je voller das „Gelände“ wird, um so leichter fällt es, die restlichen Merkmale des Gartens darzustellen.

Und so entsteht in der Realität der tatsächlichen Umwelt - vor dem Haus - die verkleinerte Realität des Modelles.

Auch Dinge, die aus dem Blickwinkel nicht zu sehen sind, existieren und sind auf dem Modell zu sehen - sie sind da! Die Kinder stellen das Abbild ihres täglichen Lebensumfeldes dar.

Die Erzieherin notiert, in welcher Reihenfolge die Kinder sich die kleinen Modelle aussuchen und arrangieren.

- Welcher Gegenstand wird als erster ausgewählt?
  Ist er der wichtigste?
- Warum ist er wichtig?
  Was bedeutet er für Giorgia?
- Welchen Gegenstand hat sie vergessen?
- Ist sie schon in der Lage zu bestimmen, was vorn und was hinten ist?
- Wohin hat sie beim Rundgang geschaut?
  Woran hat sie sich orientiert?
  Sind es zum Beispiel die Bäume oder eher die Merkmale auf dem Boden?
- Bedeuten ihr die Dinge mehr, die sie erreichen und begreifen kann, oder die, die unerreichbar sind?

Giorgia ist ein gehbehindertes Kind. Die anderen Kinder in ihrer Gruppe sind nicht behindert.
Der Garten ist Giorgia nicht *zugänglich.* Für dieses Kind ist die bewußte Anregung durch die Erzieherinnen eine Unterstützung, die Umgebung zu erschließen, damit es sie sehen, begreifen und verstehen kann.

Die Stadt und der Löwe

Die Erzieher in Reggio meinen, daß Kinder zu ihrer Stadt Beziehungen knüpfen und mit ihr vertraut werden, wenn sie wichtige Bezugspunkte näher kennenlernen, z. B. den Markt, den steinernen Löwen, wenn sie klären können, was ihnen und anderen Menschen die Stadt bedeutet, wenn sich ihre Ortskenntnisse durch sinnliche Wahrnehmungen erweitern.

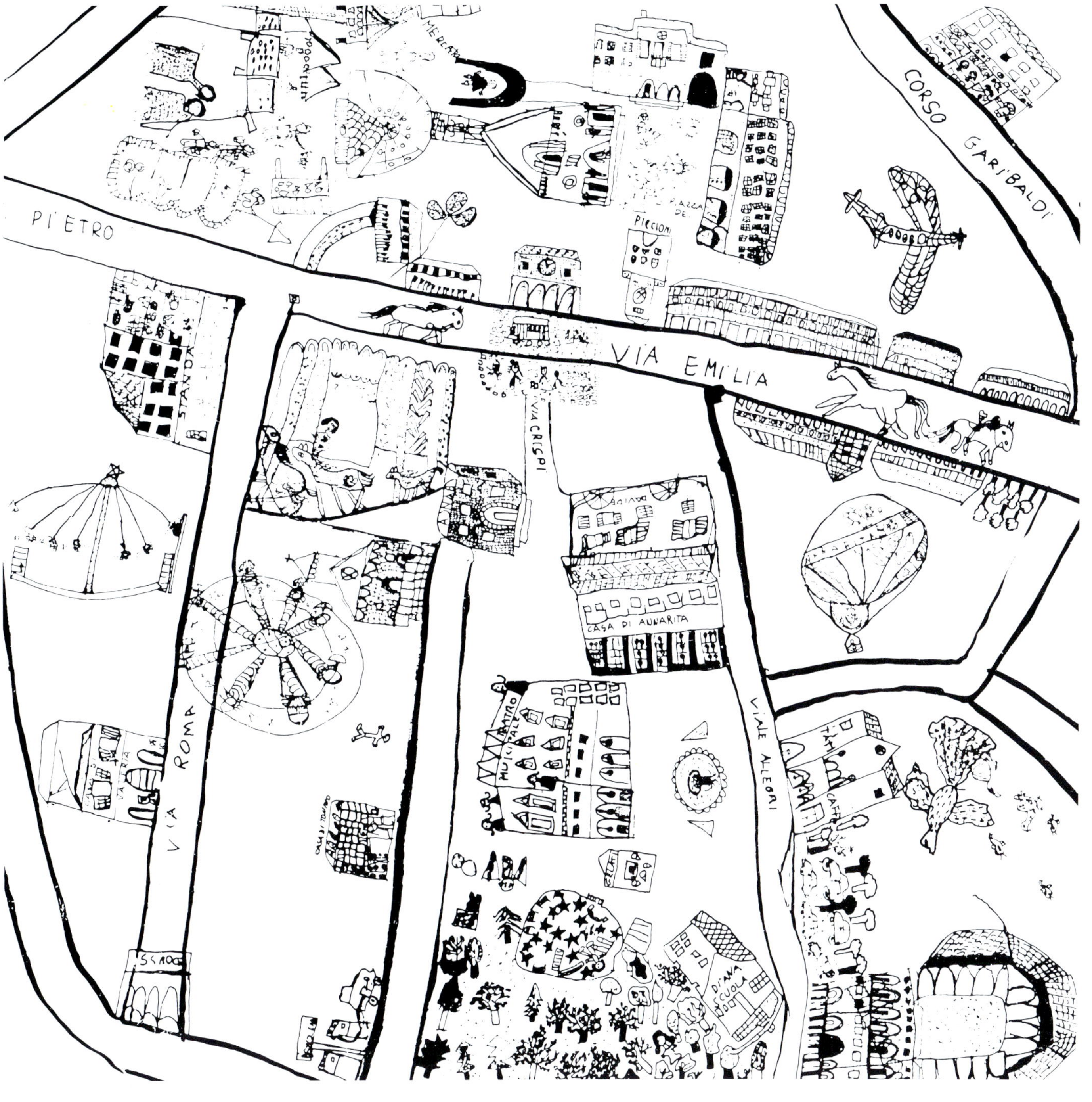

Was ist das, eine Stadt?

Davide: „Eine Stadt ist, wo Menschen sind. Es gibt Autobusse, Autos, Tauben und Menschen, die spazieren gehen."

Vincenzo: „Und es gibt Vögel, die singen, Nachteulen und kleine Tierchen in dieser enorm großen Stadt, wenn es warm ist. In dieser Stadt sind auch Schulen, Geschäfte mit Spielzeug, sehr viele Häuser, Paläste und Bäume."

Hat diese Stadt einen Namen?

Federico: „Reggio, sie heißt Reggio, Amerika heißt Amerika, Japan heißt Japan."

Luca: „Wie die Stadt heißt? Reggio Emilia, via S. Paolo 12. Alles hat einen Namen."

Gab es unsere Stadt schon immer?

Davide: „Nein, früher gab es Vampire, Fledermäuse und Dinosaurier, die Feuer spuckten."

Francesca: „Nein, vor vielen, vielen Jahren haben sie sie gemacht. Vor vielen, vielen Jahren gab es noch keine Maurer."

Wird es unsere Stadt immer geben?

Davide: „Nein, sie können auch eine Atombombe explodieren lassen. Oder eine normale Bombe."

Giovanni: „Ja, denn diese Stadt ist aus sehr hartem Material gemacht."

Vincenzo: „Ja, denn die Leute machen ja Babies, und wenn Vater und Mutter alt werden, dann sterben sie, dann werden ihre Kinder groß, verheiraten sich und machen wieder Babies."

Wem gehört diese Stadt?

Davide: „Sie gehört allen, die dort wohnen."

Luigi: „Allen, die dort zusammen leben müssen. Einer kann nicht leben, so wie er will. Es leben nur die dort, die Frieden und keinen Krieg machen."

Wovor hast Du Angst in dieser Stadt?

Vincenzo: „Vor Dieben, Killern und Monstern."

Tiziana: „Vor'm Erdbeben, vor'm Löwen."

Auf dem Markt in Reggio/Emilia, vor der Kirche, steht das Wahrzeichen der Stadt: der steinerne Löwe. Jedem Kind ist er bekannt.

Tiere haben eine große Anziehungskraft auf Kinder. Oft sind es tägliche Erlebnisse im positiven (Freundschaft, Zärtlichkeit) oder negativen Sinn (Angst), die diese Anziehungskraft verursachen.

Annäherung an das Objekt:
Die Kinder besuchen den Löwen. Sie gehen über den Markt, kaufen Obst und Blumen und nähern sich dem Löwen.
Die Welt des Kindes, sein Körper, seine Sinne, trifft auf die Beziehungswelt „Löwe“. Sie erleben das Objekt in seiner Umgebung.

Bekanntwerden mit dem Objekt:
Der steinerne Löwe wird betrachtet, befühlt, die Kinder reiten darauf. Sie erkunden das Objekt im ganzen und in seinen Teilen. Jedes Kind wählt sich einen besonderen Bereich: Augen, Maul, Fell, Tatzen, Schwanz.

Die Erzieher nehmen die Gespräche der Kinder auf Tonband auf und machen Dias.

Die Vertiefung der Erfahrungen und die Auseinandersetzung mit dem Objekt:

Fotos, Dias, Orangen, Blumen, Geräusche und Gespräche sind vom Markt mitgebracht worden.

In der Kindertagesstätte wird nun mit dem Material erzählt und gespielt, was erlebt wurde.
Durch Betrachtung der Dias an einer riesigen Leinwand entsteht bei den Kindern starke emotionale Anteilnahme und Öffnung.
Der Löwe wird beschrieben:
Wo befindet er sich (in welchem Zusammenhang?)
Wie sieht er aus?
Was hat er für einen Charakter?
Was frißt er?
Wie bewegt er sich?
Welche Töne gibt er von sich?
Wie erzieht er seine Kinder?
Wie verhält er sich dem Menschen gegenüber?

Erkenntnisse über reale Löwen werden vermittelt; die Kinder schauen Bücher an und sammeln Fotos von Löwen.

Imagination und Fantasie:
Eine Beziehung zum Objekt Löwe ist entstanden, eine Personifizierung: Die Kinder zeichnen und malen, was der Löwe sieht und was er erlebt. Sie ahmen seine Bewegungen und Töne nach und erfinden ein Märchen.

Licht und Schatten

Die Sonne, das Licht und die Wärme machen fröhlich, gesellig und laut. Wenn am Mittag das grelle Licht wehtut und die Hitze den Atem nimmt, sucht man den Schatten und wartet auf die Dämmerung.
Die Farben erlöschen und die Dunkelheit bringt Kühlung.

Aus gelben Seidenpapierstreifen haben die Kinder für ihren Gruppenraum eine große Sonne gefertigt. Sie ist übersät mit kleinen farbigen Papierschnipseln und anderen Gegenständen, die die Kinder aufgefädelt haben. Im Tageslauf variiert das Zusammenspiel von Farbe und Licht.

Wenn die Sonne scheint,
spielen die Kinder
Schattenfangen.

Der Schatten ist dem Spiegelbild ähnlich, aber in vielem auch anders. Er ist eine dunkle, farblose absonderliche Fläche, von der Lichtquelle abhängig, leicht veränderbar und beweglich.
Wie fängt man Schatten?
Kann man Licht einfangen?

Dinge und Räume verändern sich durch Licht und Dunkelheit.
Sonnenflecken tanzen im Raum, Lichtspuren dringen durch Jalousien. Sie legen sich über Personen und Gegenstände und geben ihnen ein neues Kleid.

„Der Schnee - das Zebra leckt ihn auf.“

Verwandlungen:
Ein schwarzes Papier läßt sich auseinanderschneiden und -ziehen, mit dem Nichts entsteht etwas anderes:
ein Hell-Dunkel,
Schwarz-Weiß,
Positiv-Negativ/Bild

Die Lichtdurchlässigkeit der Dinge ist verschieden:
durchsichtig ist der Vogel aus Verpackungsfolie;
undurchlässig war das dunkle Papier, bevor es mit einer Nadel perforiert wurde und ein Lichtvogel entstand; das Licht durchscheint transparentes Papier schwächer und stärker, je nach Anzahl der Papierlagen. Und Hände sind rosig durchleuchtet, wenn sie im dunklen Raum eine Taschenlampe fest umschließen.

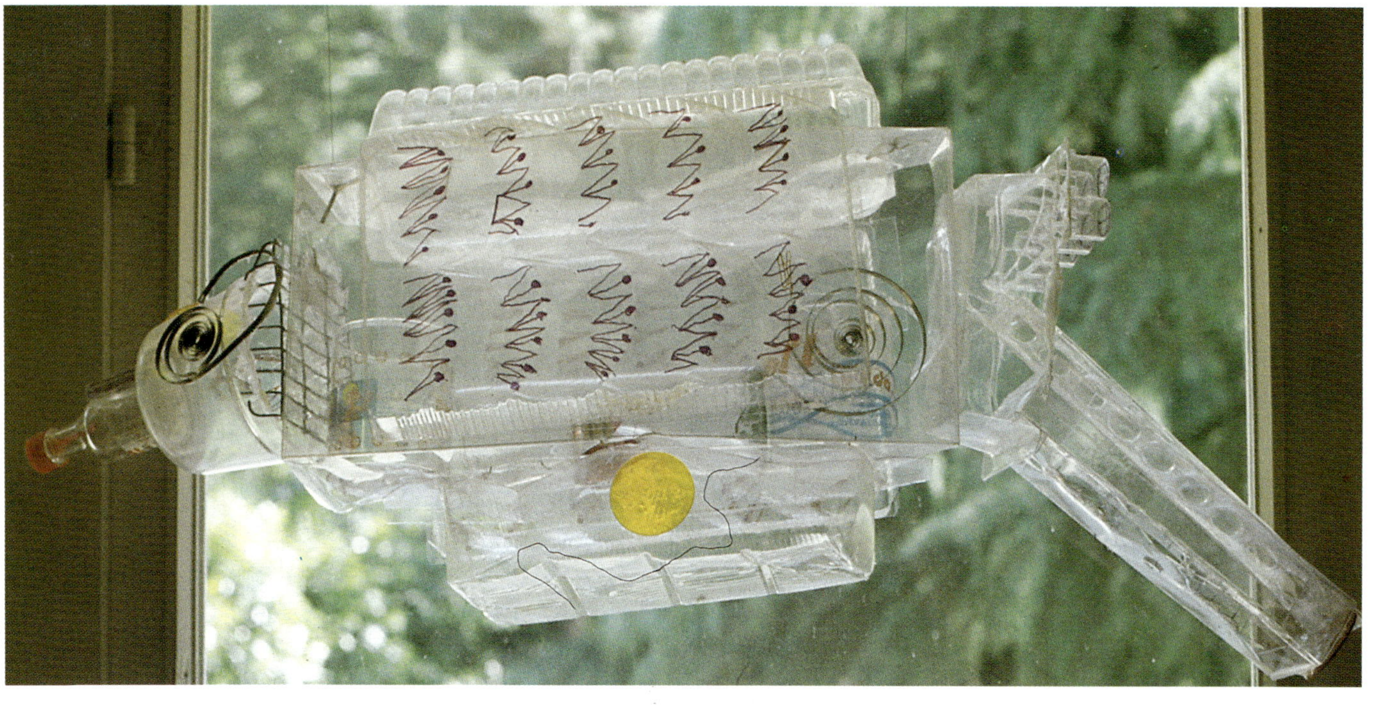

Das Kind und das Platanenblatt

Die Platane steht vor dem Kindergarten. Täglich kommen die Kinder an ihr vorbei – ein beiläufiger Kontakt nur, eher zufällig folgt das Auge einem herabsegelnden Platanenblatt. Gibt es eine Welt des Baumes, des Blattes, so wie es eine Welt des Kindes gibt? Können sie sich begegnen – was ist gemeinsam, was ist faszinierend?

Die Kinder entdecken die Welt des Blattes:
Vorbereitete Fotos dokumentieren ihnen die vielfältigen und wechselnden Gesichter des Baumes und seiner Blätter – in der Sonne, im Regen, im Nebel, morgens, abends, im Frühjahr, im Herbst... Das Auge nimmt die Veränderung wahr: der Verstand wird herausgefordert zu erklären!
Beim Betrachten der Fotos tragen die Kinder ihre individuellen Erlebnisse zusammen, tauschen ihre Gedanken und Fantasien aus: Die Kinder tasten sich an die Welt des Blattes heran, Bezüge zu ihrer Erfahrungswelt werden assoziiert – facettenhaft noch erweitern die Kinder ihre Beziehung zu dem Blatt.
Im weiteren Verlauf wird das Gleichbleibende und das Veränderliche, das Wesentliche und das Zufällige in der Welt des Blattes faßbar und darstellbar werden.

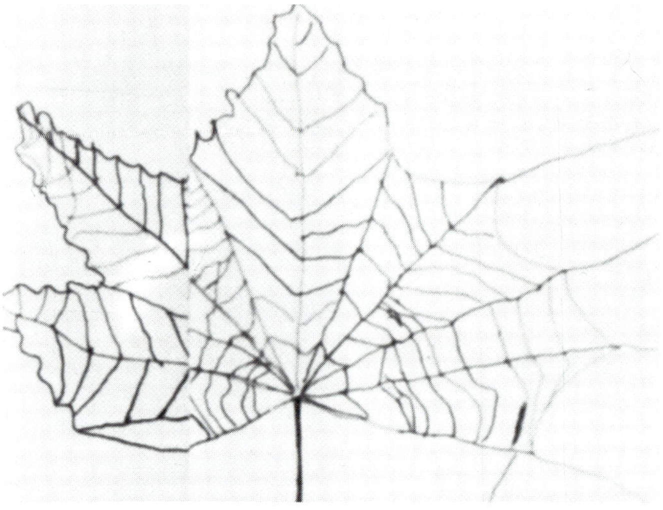

Das Blatt in seiner biologischen Geschichte:
Die Kinder sehen das Blatt und seine Veränderungen im Wachstum und Leben. Sie werden auf die zugrundeliegenden Regeln aufmerksam. Sie drücken dies in Zeichnungen aus.

Trockenheit des Blattes:
Die Qualität des Blattes hat sich verändert, wenn es sich vom Baum trennt: es ist zerbrechlich geworden, es kann leicht entzündet werden, die Farbe hat sich verändert, es verhält sich anders beim Zusammenrollen. Experimente helfen den Kindern, diesen Ereignissen auf die Spur zu kommen. Mit Farben und der Auswahl anderer Materialien versuchen sie das, was sie in den Experimenten erkannt haben, darzustellen, zu überprüfen, nachzugestalten.

Transparenz des Blattes:
Die Kinder erfahren von den Auswirkungen des Lichtes auf das Blatt. Blattaufbau und Blattverästelungen werden erkannt. In Experimenten werden Transparenzen und Lichtwirkungen verändert.
Spiele und Experimente mit Seidenpapier, Gräsern und Blättern sind damit verbunden.

Symmetrie des Blattes:
Ergänzungen von Blatthälften werden gezeichnet, Collagen hergestellt.

Das Skelett des Blattes:
Die Funktionen des Blatt-Skelettes, nämlich Stütze und Adern zugleich zu sein, werden durch Beobachtungen und Experimente erforscht, Analogien zum Menschen werden hergestellt, wozu beispielsweise Röntgenaufnahmen der Hand betrachtet werden.

Das Blatt und sein Hintergrund:
Zwischen dem Blatt und seinem Hintergrund bestehen Wechselbeziehungen. Mit der Veränderung des Vorder- oder Hintergrundes entstehen neue Wirkungen, Eindrücke und auch „Gestalten“.

Nachbildungen von Blättern:
Welches sind die Eigenschaften von Blättern und welche Elemente sind für das Platanenblatt charakteristisch? Mit Hilfe von Fotos und gezielten Aktionen gehen die Kinder diesen Fragen nach. Sie stellen Blätter aus Papier her und befestigen sie im Platanenbaum vor dem Kindergarten. Die Eltern versuchen, die Nachbildungen herauszufinden.

Assoziationen zum Blatt:
In Spielen und beim bildnerischen Gestalten werden Assoziationen zum Platanenblatt entwickelt und dargestellt. So malen die Kinder Bildteile vom Platanenblatt, kombinieren diese frei, gestalten sie zu anderen Figuren weiter - fabel-hafte Fische, Giraffen, Menschen entstehen.

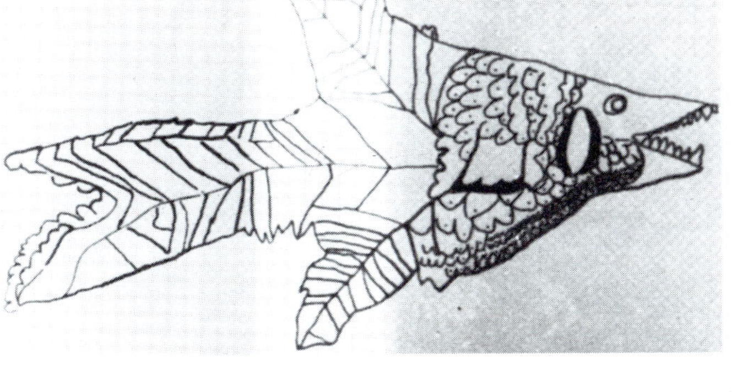

Das Blatt und seine Geräusche:
Die Kinder rascheln mit den Füßen im Laub, sie hören den Regen auf den Blättern, sie zerreiben Blätter, lassen sie verbrennen... Die Geräusche werden aufgezeichnet, dann wieder angehört, nachgestaltet, neue Geschichten entstehen, werden dargestellt.

Ich bin das Blatt:
In einer tänzerischen Pantomime sind die Kinder und Erzieher selbst Blätter. Sie gestalten Rhythmen, Dissonanzen und Harmonien. Mit Fotos werden die von ihnen gefundenen Ausdrucksmöglichkeiten dokumentiert. In einem abschließenden Gemeinschaftsbild stellen sie sich selbst, das Blatt und die im Verlauf des Projektes entstandenen Beziehungen dar.

Pusteblume

Die Pusteblume - ein Nichts.
Bläst der Wind sie an, hat sie ihren Lebenszweck erfüllt und existiert nicht mehr.
Pusteblumen gehören im Frühling zur Umgebung der Kinder. Sie spielen damit, pflücken sie, pusten die Blume und sehen den davonsegelnden „Federchen" nach.

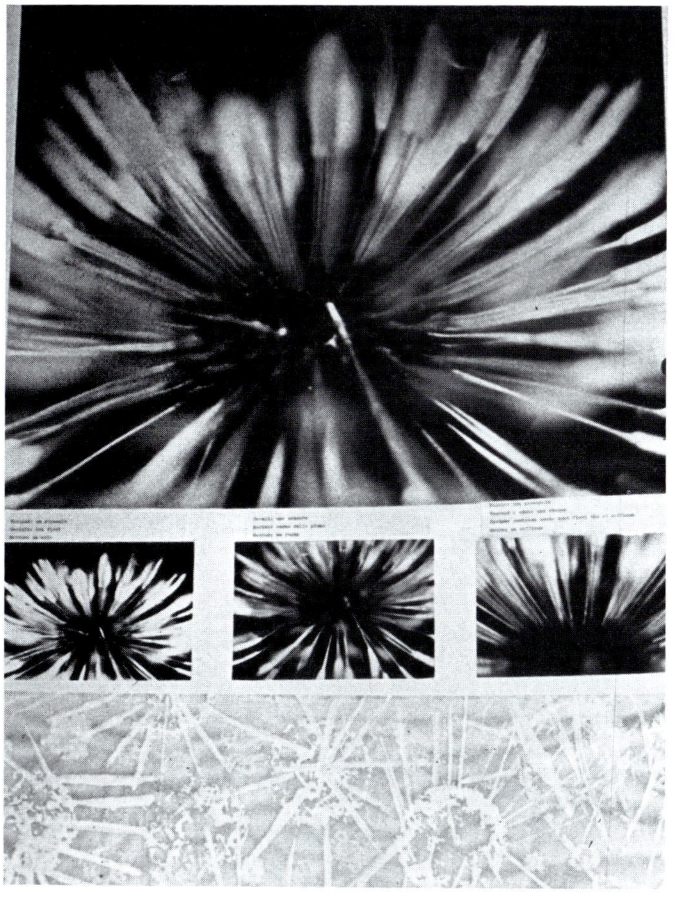

Der Löwenzahn, eine vertraute Pflanze, wird in den unterschiedlichen Stadien seines Lebens von den Kindern aufmerksam beobachtet und seine Charakteristika mit einfachen Mitteln gestaltet.

Die Zartheit der „Federchen“ findet ihre Entsprechung im Weiß-auf-Weiß-Druck; die Struktur, Leichtigkeit und Transparenz der Pusteblume wird auf Fotos gezeigt und mit Cellophanpapier und Federn gestaltet.

Der Werdegang der Pusteblume vom gelben Löwenzahn zum weißen Watteflöckchen wird dargestellt.
Die Kinder begeben sich im Schattenspiel in die Welt der Pusteblume, sind selbst Blume und Schmetterling.

Sprache und Zeichen: die Phase vor dem Lesen- und Schreibenlernen

„Unser Ziel ist es nicht, daß das Kind Lese- und Schreibtechniken einüben soll, sondern daß es diese als Mittel der Kommunikation entdeckt und den Zusammenhang von Sprache und Schrift erfährt," sagen die Erzieher in Reggio.

Beides, Sprache und Schrift, umgibt das Kind in der Familie, der Stadt und im Kindergarten.

In der Stadt und im Kindergarten sieht das Kind eine Fülle von Zeichen und Wortgebilden, die Rätsel aufgeben, die sich ihm einprägen und deren Inhalte sich ihm allmählich erschließen. Am Ende steht dann das Erkennen der Wörter und ihres ganzheitlichen Zusammenhanges, zum Beispiel der Zusammenhang zwischen dem Ladenschild „Paneteria" und den Broten und Brötchen im Schaufenster. Nun, da man das Wort gelesen hat, gewinnen die Dinge eine besondere Bedeutung. Der Schatz der angesammelten, erkannten Wörter wächst täglich mehr. Noch unverständliche Wörter sind von besonderer Anziehungskraft und können mit Hilfe der Erwachsenen entschlüsselt werden.

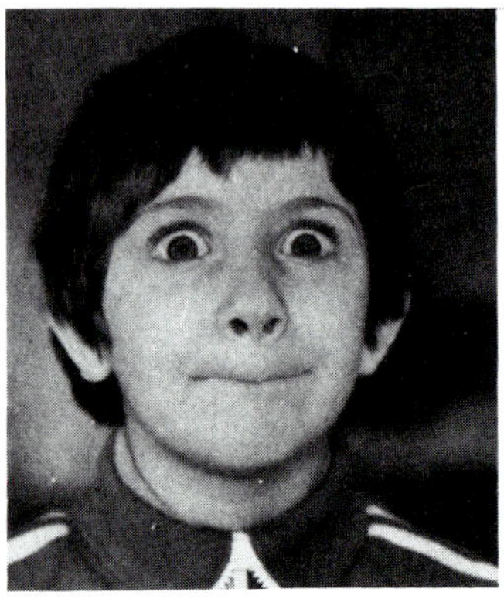

Zum Verständnis von Sprache gehört das Wahrnehmen und Erkennen von Mimik, Gestik und Körperausdruck.

Wenn man durch die Stadt geht, kann man die Gespräche und Handlungen der Erwachsenen beobachten, sie später interpretieren, und in Bewegungs- und Mimikspiele umsetzen.

Der Schrei

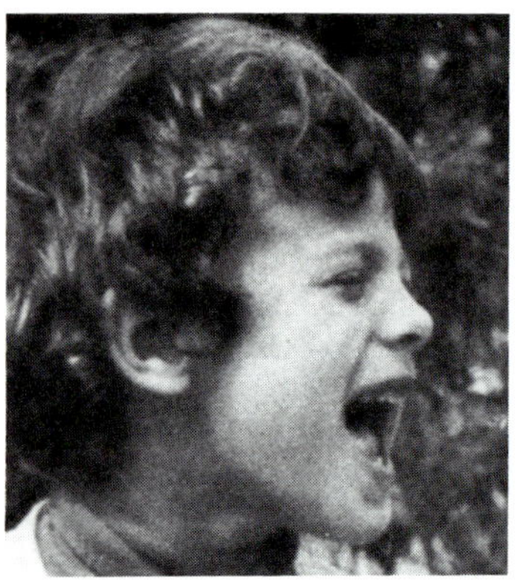

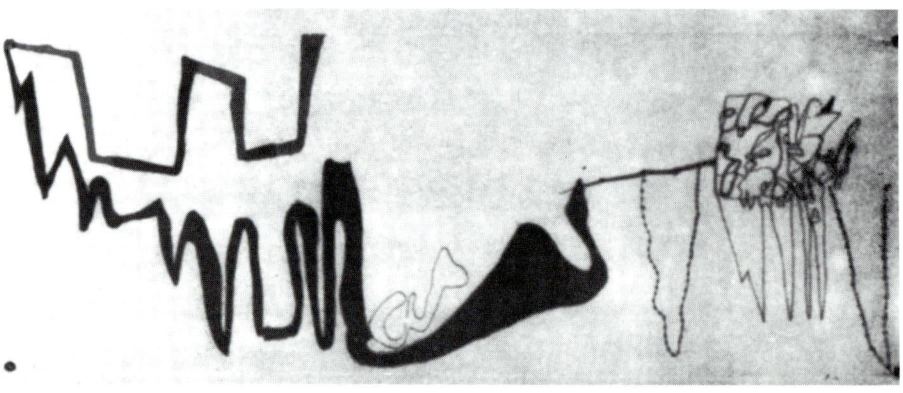

Zuerst zeichnen die Kinder ihre eigene Sprache auf, das Auf- und Abschwellen der Tonstärke, Höhen und Tiefen des Tones, den Klang der Worte und ihre Färbung und auch die Verknüpfung in den Gesprächen.

Das Gespräch

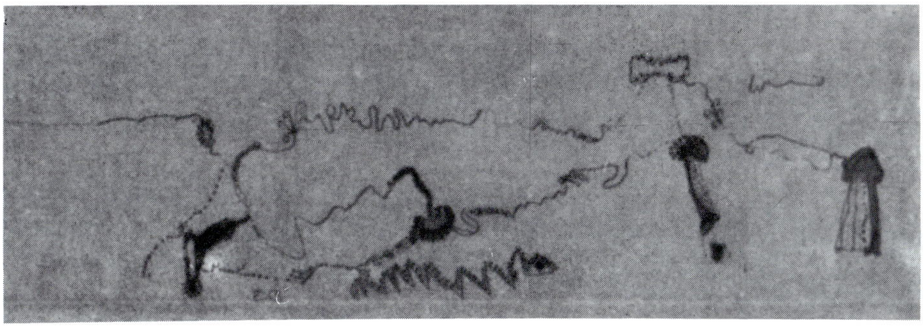

Und dann schreiben sie mit Hilfe von Zeichen und Bildern. Sie erfinden und malen chinesische Schriftzeichen und Hieroglyphen. Sie stellen eine Indianerschrift her und eine Geheimschrift, die nur sie selbst „lesen" können oder ihre Freunde.

Neben dem Zusammenhang von Sprache und Schrift erfährt das Kind, daß Geschriebenes im Gegensatz zu Gesprochenem Bestand hat.

Wo Texte entstehen,
versandt,
verkauft,
aufbewahrt
oder verliehen werden,
erfahren die Kinder,
wenn sie mit den Erziehern
eine Druckerei,
einen Zeitungskiosk,
die Post oder
eine Bibliothek besuchen.

Der Weg der Post wird erforscht und Nachrichtenübermittlungen aller Art erprobt.

Die Kinder erproben und untersuchen Schreibmaterialien und -geräte: Stifte und Papiere, die Schreibmaschine, Blaubögen, den Druckkasten, Vervielfältigungsgeräte.

Bücher werden untersucht, auch Comics, und durch ihre Bilder entschlüsselt, „gelesen".

Die Kommunalen Krippen in Reggio/Emilia

Vergleichen wir Kindergarten und Krippe:
- die Architektur, die den Kindern eine Vielzahl von Ein- und Ausblicken gewährt,
- die abwechslungsreiche Raumausstattung,
- die fantasievolle Raum- und Wandgestaltung,
- die speziell angefertigten Spielgeräte,
- die interessanten und anregenden Materialsammlungen,
- die Wandzeitungen und Dokumentationen über Aktivitäten und Produkte der Kinder!

Dabei springen unzählige Ähnlichkeiten ins Auge!

DAS IST KEIN ZUFALL –
sondern von Planern, Erbauern und Pädagogen beabsichtigt, denn Krippe und Kindergarten liegt die gleiche pädagogische Idee zugrunde:

Das Konzept der sinnlichen Wahrnehmung, der Förderung aller Sinne als Voraussetzung für die geistige Entwicklung des Kindes, der Entfaltung seiner Identität und der Aneignung seiner Umwelt prägt sowohl das Gehäuse als auch das Leben in diesem Gehäuse.

Graduelle Unterschiede zwischen Krippe und Kindergarten erklären sich aus dem unterschiedlichen Alter der Kinder und dem Grad ihrer körperlichen und geistigen Entwicklung.

Wie aber bereits in der Krippe die frühkindlichen Eigenschaften und Fähigkeiten wahr- und ernstgenommen und zur Weiterentwicklung angeregt werden, das verdient eine besondere und aufmerksame Betrachtung.

In einem Neubaugebiet liegt die Krippe ARCOBALENO.
Das Gebäude ist von einer riesigen Rasenfläche mit Hügeln und Tälern umgeben: Hier haben die Kinder viel Platz für Unternehmungen und Abenteuer, aber auch Schatten an heißen Sommertagen.

Für Transporte, Einkäufe, vor allem aber für Kinderausflüge steht der Krippe, zusammen mit zwei anderen Krippen, der gelbe „Nidobus" zur Verfügung.

Wenn die Kinder im Garten spielen, gesellen sich die Erzieherinnen kleineren Gruppen hinzu, regen Aktivitäten an, greifen andere auf, entwickeln sie mit den Kindern weiter, sie spielen mit.
Im großen Atrium, einer Kombination von Eingangshalle und Spiel- und Aktionsraum, gibt es vielfältige Anregungen:
Kleine bewegliche Spielgeräte, Schaukeln, Klettergerüste, Rutschen, Häuschen, Abschnitte von flexiblen Plastikrohren zum Rollen und Wippen, Sitzecken für Kinder und Erwachsene.

Ein-, Aus- und Durchblicke heben die Grenzen zwischen innen u n d außen auf: aus dem Gruppenraum kann man in das Atrium sehen, von da aus schaut man in die Werkstatt und aus allen Räumen nach draußen.

Die vielen Podeste im Atrium und in den anderen Räumen sind bei den Kindern sehr beliebt. Sie benutzen sie zum Klettern und Springen, aber auch, um aus unterschiedlichen Höhen die veränderte Raumperspektive zu erleben.

Es ist, als würde das Kind einen Berg besteigen: es wird „größer“, sieht weiter, erkennt Zusammenhänge und gewinnt neue Überblicke.

Hier wippt eine Erzieherin mit einem behinderten, fast bewegungsunfähigen Kind auf einem Plastikrohr.
Auch in der Krippe sind überall sichtbar für die Kinder und Eltern Ergebnisse von Aktivitäten mit den Kindern dokumentiert.

Zwischen Atrium und Gruppenraum gibt es eine „Telefon“-Verbindung, zwei Schläuche mit Trichtern daran. Es reizt die Kinder immer wieder, die Stimme des kleinen Freundes aus dem anderen Raum „um die Ecke“ hören zu können.

Über dem großen Spiegel (in *jedem* Gruppenraum!) sind die Fotos aller Kinder der Gruppe angebracht. So können die Kinder sich sehen: im Spiegel, auf dem Foto, sich entdekken, vergleichen, Identität entwickeln.
Aber auch die Freunde sind da zu finden – im Spiegel und auf den Fotos.

Kissen laden zum Kuscheln ein, Mobiles zum Greifen, Körbchen zum Hinein- und Herauskrabbeln, Bilderbücher zum Anfassen und Betrachten.

Der Anregungsreichtum der Räume läßt viele Aktivitäten der kleinen Kinder nebeneinander zu. Über die Gegenstände nehmen sie Kontakt zueinander auf.

Sandra, ein mongoloides Mädchen, und ihr Spielgefährte halten sich in einem anderen Raum auf und amüsieren sich gemeinsam über die Kamera vor dem Gesicht des Erwachsenen.

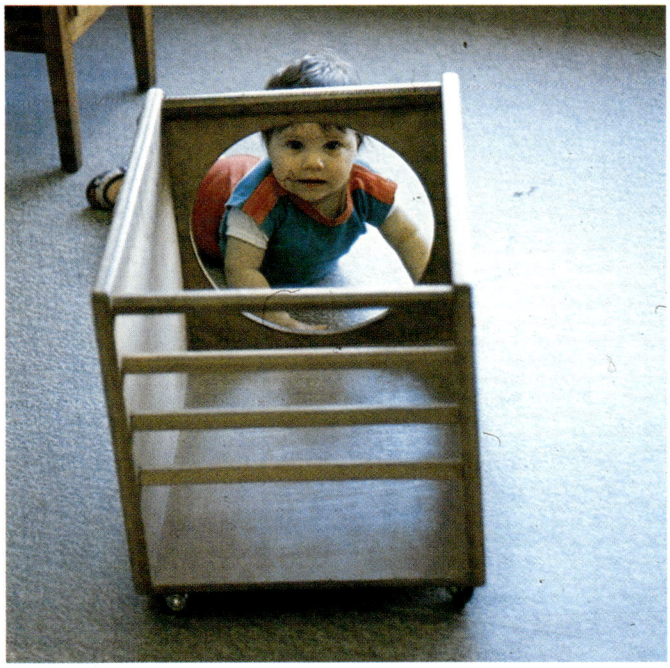

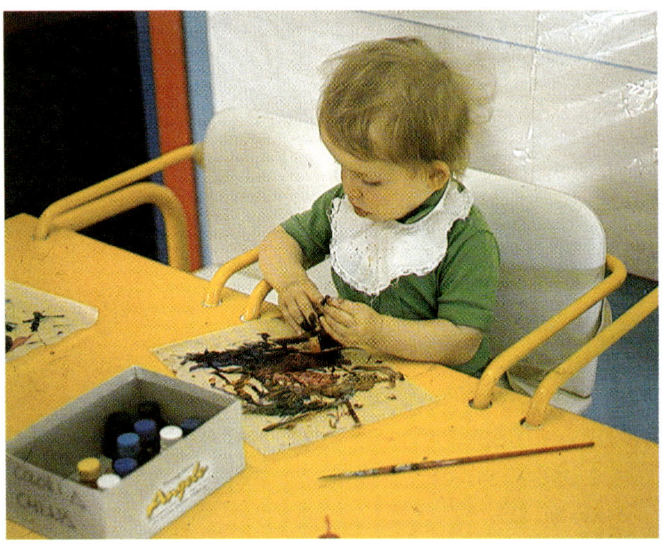

Ana, 10 Monate alt, schiebt robbend das Spiegelwägelchen durch die Gegend. Sie greift die Sprossen, macht „Kuckuck“ durch das große runde Loch, sieht sich oder das andere Kind im Spiegel. Etwas größere Kinder steigen in den Wagen hinein, stoßen sich ab oder lassen sich schieben.

Während Ana und ihr kleiner Freund auf dem Teppich spielen oder im Raum herumrutschen, sitzen Carlo (15 Monate) und ein anderes Kind am Tisch und werkeln mit Farben. Die Erzieherin öffnet ihnen die Flasche und zeigt, wie die Farbe über das Papier rinnt.

Schon in der Krippe lernen die Kinder den Umgang mit verschiedenen Materialien – wie man sieht, mit viel Vergnügen und Konzentration. Diese frühen „Produkte“ sind sehr wichtig für die Kinder und ihr Selbstvertrauen und für die Erfassung der Umwelt. Sie werden von den Erzieherinnen ebenso wichtig genommen, aufgehoben und für die Kinder und Eltern ausgestellt. Das unterstützt gleichzeitig das Interesse der Eltern an ihren Kindern und deren Tätigkeiten in der Krippe. Diese ersten Erfahrungen mit Ton, Papier und Farben sind die Vorstufe für entwickeltere Techniken und Wahrnehmungsmöglichkeiten. Sie stehen in engem Zusammenhang mit den Wahrnehmungs- und Gestaltungskonzepten im Kindergarten. Sie erklären sicher auch die für uns manchmal überraschenden Arbeitsergebnisse der 5- bis 6-jährigen.

Andere Kinder spielen mit einem großformatigen „Mix-Max“.

Zur gleichen Zeit spricht in der Werkstatt eine Erzieherin mit einem Mädchen über Fotos. Darauf sind das Kind und einige seiner Spielgefährten zu sehen. Das Mädchen erkennt, zeigt, antwortet, erzählt. Die Erzieherin notiert, was das Mädchen sagt. Später werden die Fotos und die Aussagen der Kinder auf einer Wandzeitung den Eltern zugänglich gemacht. Dadurch werden sie in die Abläufe in der Krippe mit einbezogen.

Auch hier fallen die vielen offenen Regale auf, deren Materialreichtum die Kinder bei ihrer Tätigkeit in der Werkstatt zu weiterer Wahrnehmung und Darstellung anregt.

Die Lust am Essen kann sehr früh geweckt werden, wenn das Essen schmackhaft ist, die Augen erfreut und in einer so angenehmen Umgebung eingenommen wird.

Die 1 1/2 bis 3 Jahre alten Kinder sitzen an hübsch gedeckten Vierertischen und freuen sich sichtbar auf das Essen, das aus mehreren Gängen besteht, heute: Minestrone, Huhn mit Mohrrüben und als Abschluß einen Apfel. Dazu gibt es immer Brötchen und Karaffen mit Wasser und...
angeregte Unterhaltung.

Zwei Kinder, 10 und 11 Monate alt, werden gleichzeitig gefüttert. Gemeinsam schmeckt es besser!

Der Übergang von der Mittagsmahlzeit zum Schlafen läßt sich ruhig und gelassen an. Wie am Vormittag stehen den Kindern zahlreiche Aktivitäten nebeneinander zur Verfügung.

Manche Kinder nehmen sich vom Essen noch ein Stück Brot mit und verziehen sich an ihren Lieblingsplatz: in die Schaukel, in das gepolsterte Körbchen oder in einen riesengroßen Gummireifen. Andere Kinder sehen sich gemeinsam ein Bilderbuch an, spielen noch ein wenig in der Küchenecke oder betrachten ihre Produkte vom Vormittag.

Diese flachen Spielpodeste werden von den 2-3jährigen Kindern vielfältig genutzt: sie lassen sich als Wagen rollen; die Kinder können darauf herumturnen und spielen oder sich - mit einem Kissen - darauf ausruhen.
Zum Mittagsschlaf werden die darin verstauten Matratzen herausgezogen, auf den Podesten ausgebreitet - schon sind die Betten fertig!

Zum Zudecken hat jedes Kind seine eigene Decke von zu Hause! Das schafft eine Beziehung zwischen dem Schlafen daheim und dem in der Krippe, ist kuschelig und tröstlich und erleichtert das Ausruhen oder Einschlafen.

Die jüngsten Krippenkinder spielen nach dem Essen im Podestraum, wo sie robben, krabbeln, klettern, laufen und kuscheln können. Von hier werden sie zum Wickeln abgeholt. Eines nach dem anderen wird von den Erzieherinnen mit viel Zeit und persönlicher Zuwendung versorgt. Manche der Kinder gehen danach gleich in den Schlafraum und legen sich hin; wer noch Lust zum Spielen hat, kann das ebenso tun.

Bis alle Kinder schlafen, ist seit dem Mittagessen etwa eine Stunde vergangen. Weil jedes Kind seinem individuellen Rhythmus und seinen Schlafgewohnheiten folgen kann, ist diese gesamte Phase zwischen Wachsein und Schlafen angenehm entspannt und sehr friedlich.

Die Schiebetüren des Podestraumes öffnen oder schließen die Zugänge zu den übrigen Bereichen, so daß dieser Raum als Erweiterung und Ergänzung dient. Durch die großen Außenfenster sieht man in den kleinen Haus-Garten mit Büschen und Tieren.

Die Liege- und Krabbel-Kinder haben eigene, vom Gruppenraum getrennte Schlafräume mit Betten oder Liegen.
In den Räumen der größeren Krippenkinder werden die Spielpodeste mit Liegematten zu einer Schlaflandschaft umgewandelt.
Über jedem Bettchen der Babies hängt eine kleine Wandzeitung. Darauf sind ein Foto des Kindes und ein paar Hinweise auf seine Einschlafgewohnheiten angebracht, z.B.: „Carolina hat es gern, wenn sie auf den Bauch gelegt wird und ihr Nuckeltuch bei sich hat.“
Diese Informationen stammen von den Eltern, und die Gruppenerzieherin hat sie aufgeschrieben. Wenn nun einmal eine Vertretung die Kinder versorgt, weiß sie ebenfalls, was sie tun kann, damit sich Carolina wohlfühlt.

Krippe heißt auf italienisch „Nido“ – und das bedeutet Nest: Nester zum Wohlfühlen waren alle Krippen, die wir gesehen haben.

Romeo
eine Figur zwischen Realität und Phantasie

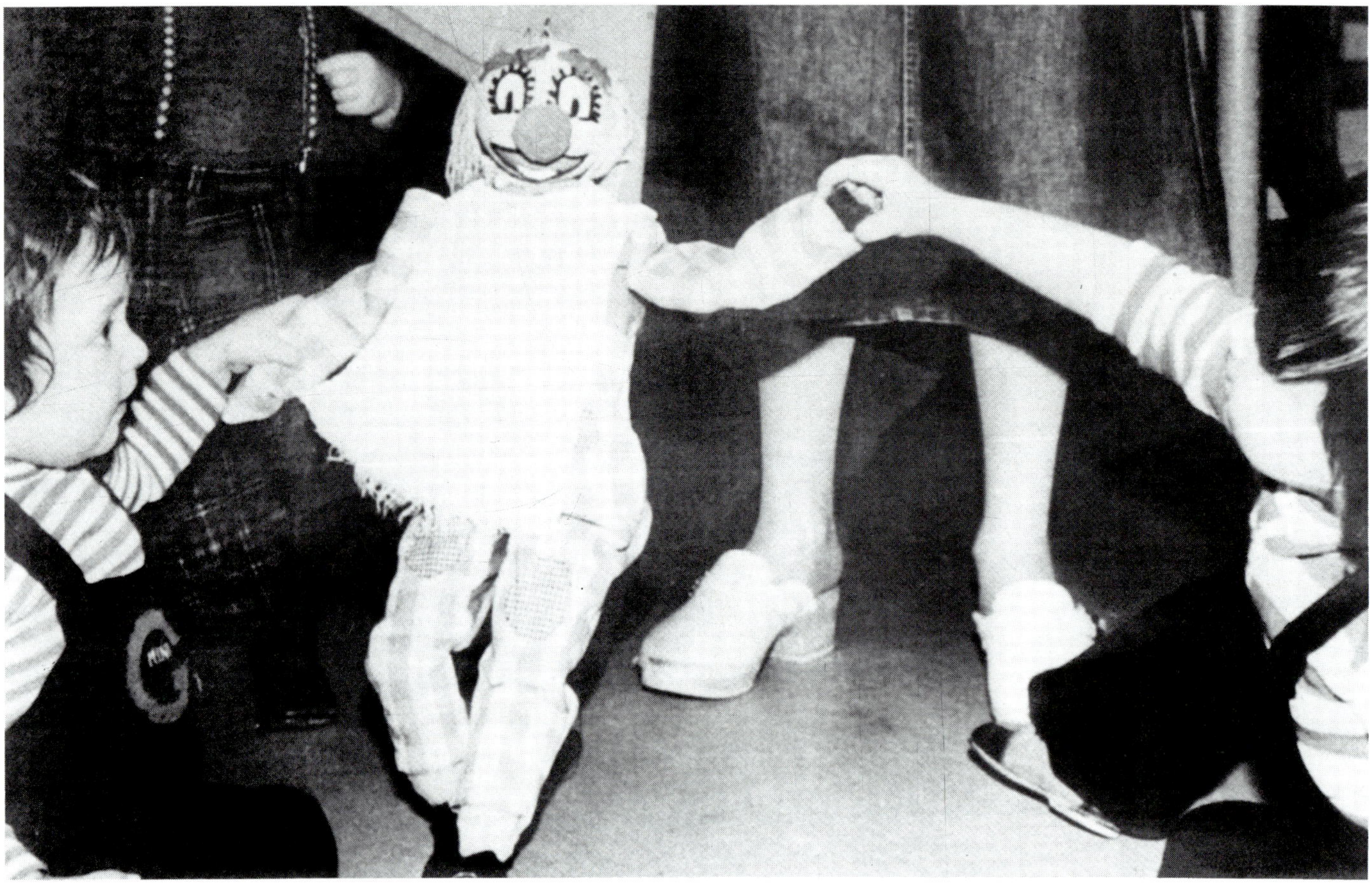

Die Marionette Romeo in der Krippe „Il sole“

Wer ist Romeo?

Roberto:	„Er ist ein Clown.“
Andrea:	„Er ist ein Clown, der mich immer kitzelt. Er hat ein Tischtuch um.“
Roberto:	„Er hat die Binde von Topoletto.“
Elena:	„Das ist ein kleines Band.“
Gabriele C.:	„Er hat eine rote Nase.“
Andrea:	„Er ist ganz zerzaust! Erzähl’ uns eine schöne Geschichte, die von Biene Maja!“
Elena:	„Er ist klein.“
Francesca:	„Er ist groß.“
Gabriele C.:	„Er fuhr auf dem Motorrad!“
Mariachiara:	„Nein, er fuhr auf dem Dreirad.“
Gabriele C.:	„Er fuhr in die Krippe, um zu spielen.“

Das Echte und das Künstliche
Das Ich und der Andere

Wir halten das Angebot von Marionetten für sehr positiv, gerade wenn wir das Alter der Kinder berücksichtigen.

Sie befinden sich in einem Alter in der Krippe, in dem sich ihre Persönlichkeit formt und sich von den Dingen der Außenwelt absetzt. Es ist genau das Alter, in dem das kleine Kind sich mit dem Problem auseinandersetzt, ob etwas lebendig oder künstlich ist (Daraus resultiert zum Beispiel auch sein großes Interesse für Tiere.).

Jedoch vollzieht sich das kognitive und emotionale Wachstum nicht von selbst, sondern nur, wenn das Kind in seiner Umgebung Erfahrungen macht, Techniken und Begriffe erlernt, die für seine Entwicklung einen geeigneten Nährboden darstellen.

Die Marionette ist halbwirklich und halbfantastisch, sie ist selbständige Persönlichkeit und doch kontrollierbar und folgsam.

Es scheint uns, da die Marionette mit ihren Charakteristika gerade diesem Anspruch des Kindes entgegenkommt, mit den Begriffen echt und unecht, ich und der Andere zu spielen, um sie sich anzueignen.

Mariano Dolci
Marionettenbauer und -spieler

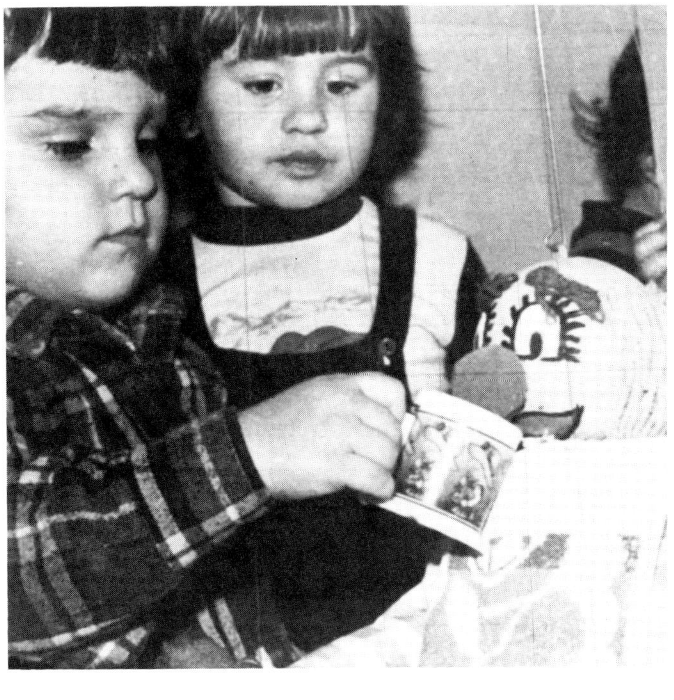

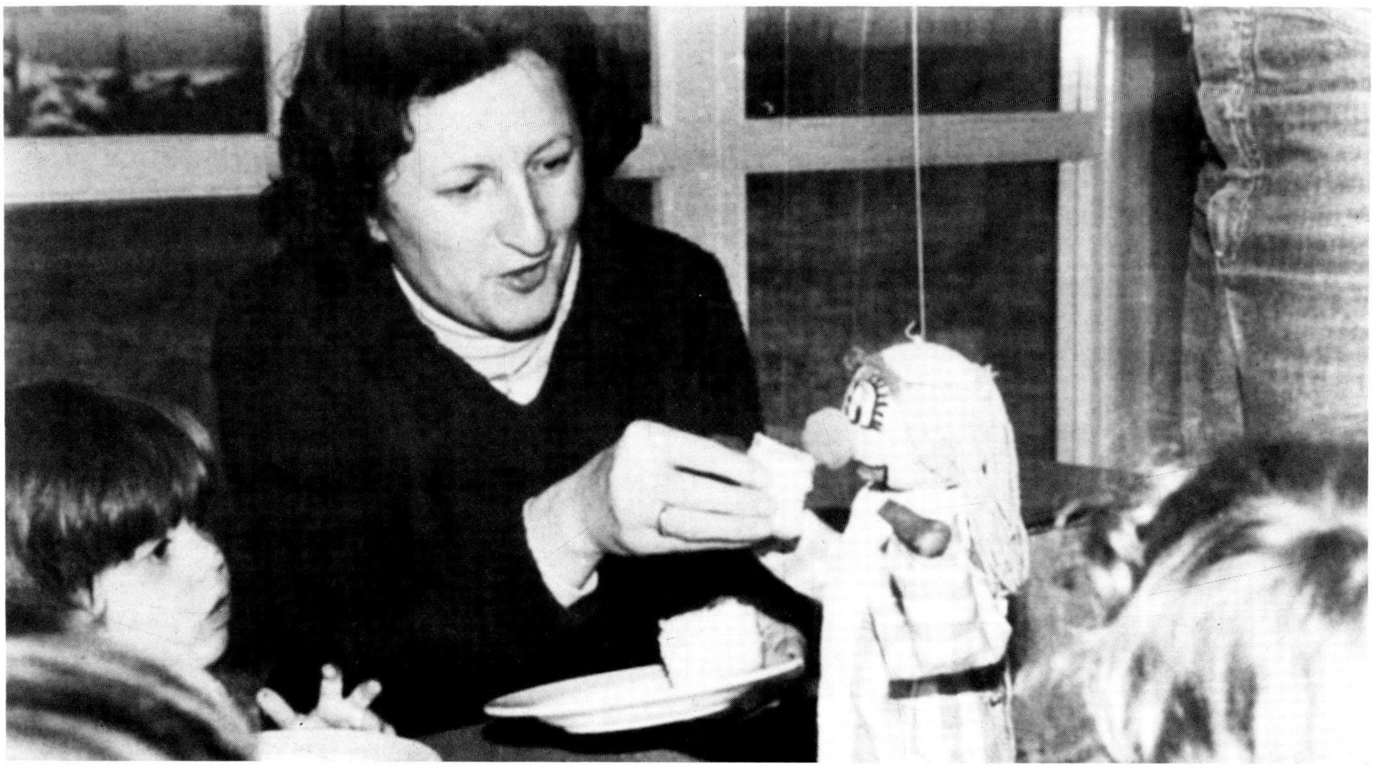

Romeos Besuche in der Gruppe

Die Marionette wird zuerst mit Worten vorgestellt; tagelang haben wir von dem Clown mit Namen Romeo gesprochen, der früher oder später in die Krippe kommen würde. Folglich waren die Kinder schon auf die Begegnung vorbereitet. Romeo übte sofort bei seiner Ankunft eine starke Anziehungskraft aus.

Nach der ersten Verwunderung hatten die Kinder Spaß zu sehen, daß er die gleichen Spiele machen konnte wie sie: Dreirad fahren, rutschen, mit der Schubkarre fahren, Ringelreihen tanzen, springen und Lieder singen, die von Bewegungen begleitet werden. Täglich wurde in der Krippe danach verlangt, mit Romeo zu spielen, und zu Hause wurde von den Abwechslungen gesprochen, so daß nach wenigen Tagen die Eltern, neugierig geworden, fragten: „Ist in der Krippe ein neues Kind, das Romeo heißt?" Wir merkten jetzt, daß es notwendig war, die Eltern Romeos Bekanntschaft machen zu lassen: Romeo empfing die Kinder bei ihrer Ankunft, begrüßte die Eltern und verwickelte die Kinder sofort ins Spiel. Für eine gewisse Periode hat Romeo den Alltag der Kinder mitgelebt, indem er sich für ihre Spiele interessierte, sie erzählen ließ und ihnen selbst von seinen Tagen beim Zirkus erzählte.

Außer an den Spielen nahm Romeo auch an den Geburtstagen der Kinder, die in dieser Zeit ziemlich häufig waren, teil. In Anbetracht dessen, daß es für jedes Kind wichtig ist, drei Jahre alt zu werden, dachten wir daran, Romeo selbst zur Hauptperson werden zu lassen, die ihren Geburtstag feiert.

Romeos Geburtstag

Zu Romeos Geburtstag haben wir die Kinder gefragt, ob wir zusammen die Torte bereiten wollten. Während wir warteten, daß Maria, die Köchin, mit den Zutaten kam, sprachen wir ein wenig über Romeo und sein vermutliches Alter...

Frage: „Ist Romeo groß?"
Alle: „Er ist groß."
Andrea: „Er ist klein."
Margherita: „Er ist drei Jahre alt ... drei Jahre sind wenig."
Elena: „Er ist groß: zwei Jahre alt."
Roberto: „Er ist viele Jahre alt: eine Handvoll."
Gabriele C.: „Zwei Jahre."
Frage: „Also ist er kleiner als Margherita?" (die schon drei Jahre alt ist)
Gabriele C.: „Nein, ich bin zwei Jahre alt wie er."

Romeo hat sich beim Fest verbrannt

Andrea: „Er hat sich wehgetan."

„Wer hat ihn gesund gemacht?"

Andrea: „Niemand."

„Hat er den Doktor gerufen?"

Andrea: „Nein, er hat den Doktor nicht gerufen, aber den der Clowns habe ich gerufen. Romeo hat ihn nicht gerufen, weil sein Mund geschlossen ist. Der Doktor der Clowns ist wie er gemacht."

Roberto: „Das ist wahr, der Doktor ist aus Clown gemacht." (Die Erzieherin ruft den Arzt, der die Krippe regelmäßig betreut, herein.)

Doktor: „Er ist heiß, leg' ihn ins Bett, vorsichtig, er hat Fieber! Und dann wird er erbrechen. Jetzt schauen wir mal, was er hat. Er ist ein bißchen müde. Hören wir mal sein Herz ab?"

Alle: „Ja."

Doktor: „Wo hat Romeo sein Herz?"

Andrea: „Hier!" (zeigt auf die richtige Stelle)

Doktor: „Willst du hören, ob Romeos Herz wie deins schlägt?"

Andrea: „Ja."

Doktor: „Hör erst meins ab, dann das von Romeo!"

Alda: „Schlägt es gleich?"

Andrea: „Ja, man hört ein zartes Lied."

Allieta: „Also, Herr Doktor, was sollen wir machen?"

Doktor: „Schauen wir uns erst einmal die Reflexe an." (er schlägt mit einem kleinen Hammer gegen Romeos Knie)

Romeo: „Aua!"

Doktor: „Hören wir mal seinen Rücken ab... ja, ganz gut. Jetzt schauen wir mal in den Mund. Er macht den Mund nicht auf. Warum nicht?"

Andrea: „Vielleicht, weil es kein richtiger Mund ist?"

Carla: "Und das Bauchweh, ist das auch nicht wirklich?"

Andrea: "Doch, das ist wirklich!"

Carla: „Ist Romeo nun wirklich oder nicht?"

Andrea: „Er ist wirklich."

Doktor: „Was meint ihr, weshalb hat er Bauchschmerzen?"

Andrea: „Vielleicht hat er zuviel Wasser getrunken?"

Carla: „Ja, und sich den Magen verdorben! Lassen wir ihn jetzt pullern? Wenn er soviel Wasser getrunken hat, muß er jetzt!"

Alle: „Ja."

Carla: „Wie pullert er?"

Andrea: „Er zieht seinen Schniepel heraus und pullert."

Carla: „Dann ist Romeo also ein Junge?"

Andrea: „Ja."

Daniela: „Jetzt, Kinder, lassen wir Romeo in Ruhe, wir lassen ihn schlafen."

Andrea: „Ja, seid leise, seid leise!"

Nach zwei Monaten Arbeit haben wir einige Betrachtungen angestellt:

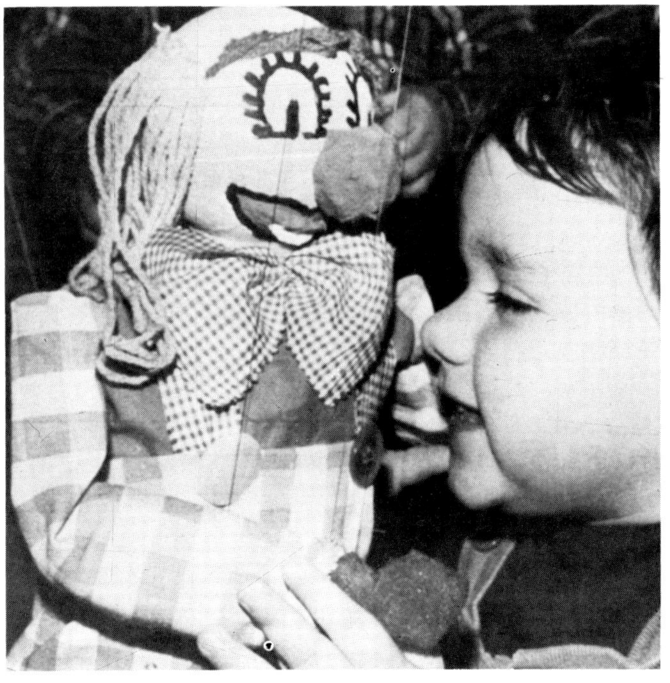

Die Begeisterung der Kinder für diese Persönlichkeit ist unseres Erachtens auf mehrere Faktoren zurückzuführen. Romeo ist ein Clown und als solcher ist er überschwenglich, fröhlich und dynamisch. Seine Kleidung und seine Farben (rote Nase, blaue Haare etc.) sowie sein Aussehen sind lebhaft und außergewöhnlich.
Er gehört dem Milieu des Zirkus an und erzählt Episoden jener Welt, die so faszinierend für das Kind ist.

Schon das sehr kleine Kind wird von allem, was sich bewegt, angezogen und neugierig gemacht. Daher hat die Marionette von Anbeginn die Kinder so sehr fasziniert.
Die Aufmerksamkeit für ihre Bewegungen ist so groß, daß die Kinder sie nachahmen, wenn sie tanzt oder motorische Spiele macht.

Das Kind, auch wenn es um die Anwesenheit und Tätigkeit unserer Arme, der Stäbe und Fäden weiß, stellt einen emotionalen Kontakt her, der so geartet ist, daß es die Marionette nicht als einen einfachen Hampelmann ansieht, sondern als eine Persönlichkeit zwischen Realität und Fantasie.

Es gibt kein Kind, das der Versuchung widerstand, mit Romeo zu sprechen. Auch die schüchternsten Kinder wandten sich an ihn. Auch der Dialog wendet sich immer an die Marionette, nicht an den, der sie leben läßt.

Kleinkinderziehung in Reggio/Emilia: Daten, Fakten und Erläuterungen zur Arbeitsweise der kommunalen Krippen und Kindergärten

Mit den folgenden Informationen geben wir Einblick in die Gesamtsituation der Kleinkinderziehung in Reggio/Emilia und in die Organisation der Arbeitszusammenhänge. Wir meinen, daß das Beispiel Reggio/E. einerseits unmittelbare pädagogische Anregungen für Erzieher gibt, daß es aber andererseits auch für Träger von Kindergärten und Krippen nachdenkenswert ist.

Deshalb beziehen sich die Erläuterungen hier auch auf die steuernden und koordinierenden Aufgaben, die der kommunale Träger übergreifend wahrnimmt.

Stichpunkte zum folgenden Überblick:

1. Anmerkungen zur Kommune Reggio/ Emilia.
2. Einige Zahlen zur Kleinkinderziehung
3. Die Organisation der kommunalen Einrichtungen.
4. Das Raumprogramm für die Einrichtungen anhand eines Bauplans.
5. Die Funktionen des kommunalen Pädagogischen Zentrums für Krippen und Kindergärten.
6. Einbeziehung von Eltern.

1. Anmerkungen zur Kommune Reggio/Emilia

Reggio ist mit 130.000 Einwohnern nach bundesdeutschen Maßstäben eine Großstadt, zugleich aber auch mit einem eher kleineren Bezirk in Berlin vergleichbar.
Die Stadt, ca. 150 km östlich von Mailand in der Provinz Emilia Romagna gelegen, weist keine Arbeitslosigkeit auf (1980) und hat einen relativ niedrigen und dabei gut integrierten Anteil von Arbeitsemigranten aus dem Süden Italiens. Das Wirtschaftsleben ist mittelständisch geprägt und vielseitig. Die Ansiedlung von Großbetrieben wird aufgrund der damit verbundenen Risiken nicht befördert. Die Stadt ist überschaubar, nachbarschaftliche Bezüge sind lebendig - auch in den kleineren Neubauvierteln.

Die Mütter- und Frauenerwerbsquote entspricht bundesdeutschem Durchschnitt. Reggio/E. ist für das umliegende Land Einkaufsstadt, außerdem Universitätsstadt.

2. Einige Zahlen zur Kleinkinderziehung

Traditionell ist in Italien die katholische Kirche Träger von Kindergärten. Neben ihr unterhält der Staat Einrichtungen der Kleinkinderziehung. Dieses Platzangebot reichte in Reggio/E. weder quantitativ aus, noch war es hinreichend auf die Belange der Eltern - ganztägige Betreuung und Betreuung unter drei Jahren - abgestimmt. Deshalb beschloß die Stadtverwaltung von Reggio/E. vor rund 20 Jahren, zusätzlich kommunale Einrichtungen zu schaffen.

Die folgende Übersicht stellt den Stand von 1983/84 dar:

Einwohner	130.000
davon Kinder	
von 0 - 3	2.306
von 3 - 6	3.271

In den 12 kommunalen Krippen werden 720 Kinder betreut (31,3% der Gesamtzahl der Altersstufe).

In den 20 kommunalen Kindergärten werden 1.485 Kinder betreut (45,4% der Kinder dieser Altersstufe). In Reggio/E. sind außerdem private (sie betreuen 35,5% 3-6-jährige) und staatliche Einrichtungen (7,1%). Damit stehen 88% aller Kinder in Reggio/E. Kindergartenplätze zur Verfügung.

3. Organisation der kommunalen Krippen und Kindergärten

Krippen und Kindergärten sind baulich getrennt, wenngleich sie konzeptionell und in der Zusammenarbeit eng miteinander verbunden sind.

In der Regel hat jede Krippe 4 Gruppen mit insgesamt 68 Plätzen. Eine kleine Einrichtung mit nur 2 Gruppen ist die Ausnahme. Jeder Kindergarten hat 3 Gruppen mit 90 Plätzen.

Gruppengröße:

Krippe:

Lattanti	3-9 Monate	12 Kinder
Piccoli	9-16 Monate	14 Kinder
Medi	16-24 Monate	18 Kinder
Grandi	24-36 Monate	22 Kinder

Kindergarten:

	3-6 Jahre	30 Kinder

Personalschlüssel:

Zahl der Einrichtungen	Krippe	Kindergarten
	12	20
Gruppenzahl	44	54
Erzieher	122	108
Werkerzieher		20
Wirtsch.-Kräfte	46	74
Köchinnen	12	20
Berater	9	
Personal pro Gruppe	2,7 Erzieher 1 Wirtsch.-Kr.	2 Erzieher 1 Wirtsch.-Kr.

Vertretungskräfte werden nach Bedarf eingesetzt.

Die Wirtschaftskraft in der Gruppe wird in die pädagogische Arbeit einbezogen und übernimmt Betreuungsaufgaben im Früh-und Spätdienst.

Die 20 Werkerzieher arbeiten an 4 Wochentagen in den Kindergärten und an einem Tag wöchentlich in den Krippen. Mit einem Tag in der Woche steht jeder Einrichtung eine pädagogische Beraterin zur Verfügung. 1 Beraterin ist 4 Einrichtungen fest zugeordnet.

Die Einrichtungen haben darüberhinaus keine gesonderte Leitungskraft. Leitungsaufgaben werden nach einem festen Arbeitsschema von den pädagogischen Mitarbeitern zusätzlich im kooperativen
Verbund des Gesamt-Teams wahrgenommen.

Entsprechend delegierte Teilaufgaben sind beispielsweise: für Kinder und Eltern interessante kulturelle Angebote verfolgen, Kontakte zu anderen Stellen im Gemeinwesen halten, die einrichtungseigene Fachbücherei betreuen usw. Dienstbesprechungen finden wöchentlich statt.

Die Gruppenorganisation geschieht altersbezogen. Die Erzieher bleiben über einen Zeitraum von 3 Jahren mit ihrer Gruppe zusammen. Neuaufnahmen erfolgen in der Regel von Jahr zu Jahr im Herbst, damit die pädagogisch erwünschte Gruppenkonstanz für die Kinder aufrecht erhalten werden kann. (Das Verfahren zur Neuaufnahme von Kindern wird im Abschnitt „Einbeziehung von Eltern" unten dargestellt.)

Alle kommunalen Einrichtungen haben ganztags geöffnet: die Krippe von 7.45 Uhr bis 18.30 Uhr und der Kindergarten von 8.00 Uhr bis 17.30 Uhr. Die Kinder befinden sich von 8.00 Uhr bis 16.00 Uhr in ihrer Gruppe. Zu den Früh- und Spätzeiten werden die Kinder gruppenübergreifend betreut, sofern die Eltern aufgrund ihrer Arbeitszeiten ein erweitertes Betreuungserfordernis nachweisen. Ruhe- und Schlafzeiten werden für alle Kinder nach dem Mittagessen eingehalten, wobei die Übergänge flexibel und spielerisch gestaltet werden.

4. Das Raumprogramm:

Das Raumkonzept für die kommunalen Einrichtungen ergibt sich aus dem auf der nächsten Seite abgebildeten Bauplan.

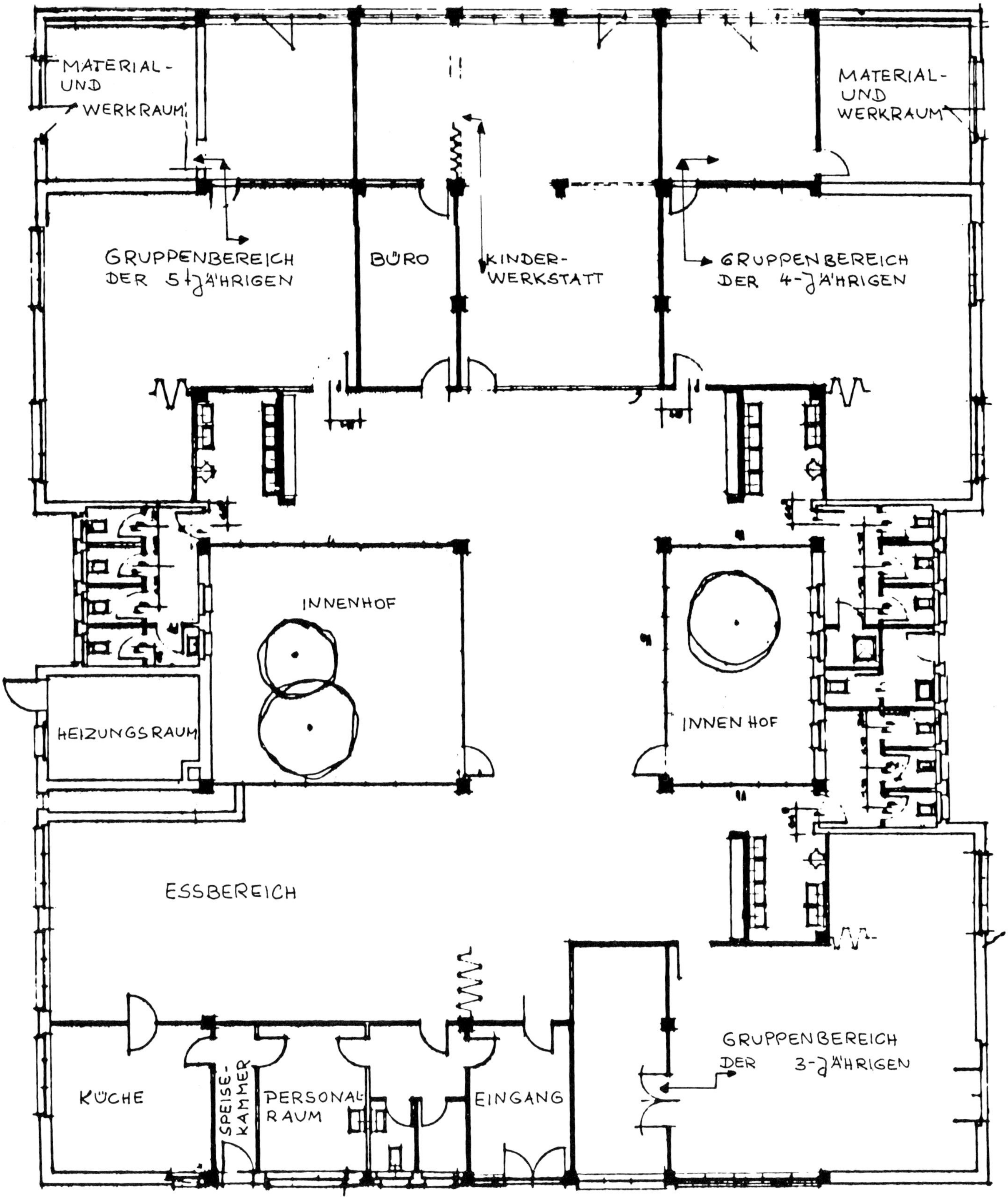

Bauplan der Kindertagesstätte DIANA
Platzzahl: 90 Kinder
erbaut: 1979

Hervorgehoben werden soll hier lediglich, daß dem jeweiligen Gruppenraum ein flurähnlicher Vorraum zugeordnet ist, der als Garderobe für die Kinder einer Gruppe dient, und von dem aus Toiletten- und Waschraum erreichbar ist. Der Gruppenraum ist Arbeits-, Spiel-, Lern- und Schlafraum, während das Essen in einem restaurantähnlich gestalteten Gemeinschaftsraum neben der Küche eingenommen wird. Zusätzlich stehen den 3-4 Gruppen einer Einrichtung die Kinderwerkstatt, das Foyer mit seinen Spielnischen, bzw. in den Krippen ein größerer Spiel- und Aktionsraum zur Verfügung.

Aus der Beschreibung der Organisation der Einrichtungen wurden die folgenden Besonderheiten bereits deutlich:

- Für eine Gruppe sind 2-3 Erzieher und eine Wirtschaftskraft zuständig.
- In jeder Einrichtung arbeitet ein Werkstattleiter (Kunstpädagoge).
- Eine pädagogische Beraterin begleitet die praktische Arbeit in jeweils vier Einrichtungen.
  Leitungsaufgaben in den Einrichtungen werden kooperativ wahrgenommen; eine gesonderte Leitungskraft ist nicht eingesetzt.
- Verbindliche Erziehungs- und Vermittlungsziele bestimmen die Gruppenarbeit. Sie orientiert sich an Arbeitsplänen und Projektbeschreibungen, die gemeinsam erarbeitet werden.
- In den wöchentlichen Team-Besprechungen wird die pädagogische Arbeit dargestellt und reflektiert, außerdem werden gruppenübergreifende Vorhaben geregelt.

Diese Bedingungen sind wichtige Voraussetzungen für die Qualität der in den Einrichtungen geleisteten Arbeit. Aus diesem Grunde haben wir sie hier noch einmal kurz angeführt. Darüberhinaus ergeben sich aus dem Gesamtzusammenhang weitere Erklärungen:

- Die kommunalen Einrichtungen stehen in der Öffentlichkeit in einer „Image"-Konkurrenz zu den Einrichtungen anderer Träger; Eltern entscheiden sich zwischen diesen. Für die Mitarbeiter der kommunalen Krippen und Kindergärten ist die Frage nach der bestmöglichen Förderung der Kinder die Frage nach dem bestmöglichen pädagogischen Konzept und nach dessen Umsetzung in die Praxis.
- Die kommunalen Einrichtungen haben ein eigenständiges pädagogisches „Profil". Sicherlich auch, weil sie relativ junge und keine tradierten Einrichtungen sind, wurde in den vergangenen Jahren besondere Sorgfalt auf die Entwicklung der pädagogischen Konzeption verwandt.

Gleichzeitig wurden die für die Umsetzung in die Praxis notwendigen Rahmenbedingungen entwickelt. Dabei war den Verantwortlichen wichtig, daß ihr Konzept sowohl von Fachleuten, z.B. bei Tagungen, als auch in der Öffentlichkeit zur Diskussion gestellt und überprüft wurde.

- Die starke Einbindung der Eltern und wichtiger Persönlichkeiten des Gemeinwesens ist Bestandteil des Konzeptes der kommunalen Einrichtungen.
  Daraus ergibt sich sowohl ein hohes Informationsniveau der betroffenen Öffentlichkeit als auch deren Interesse an der pädagogischen Arbeit, die dadurch im Gemeinwesen verankert ist.
- Die pädagogische Arbeit in den kommunalen Krippen und Kindergärten wird fortlaufend ausgewertet, um die Erreichung der pädagogischen Ziele zu überprüfen und für die weitere Ausgestaltung der Praxis Anregungen geben zu können. Den Einrichtungen steht ein Pädagogisches Zentrum zur Verfügung, das als Teil der Kommunalverwaltung koordinierende, steuernde und kontrollierende Aufgaben erfüllt.

Da das Pädagogische Zentrum für die Organisation der Entwicklung der pädagogischen Arbeit eine zentrale Funktion wahrnimmt, soll es in seiner Arbeitsweise kurz dargestellt werden.

5. Aufgaben und Arbeitsweise des Pädagogischen Zentrums:

Das Pädagogische Zentrum ist eine Fachabteilung der kommunalen Verwaltung für die Krippen und Kindergärten und wird von anderen Dienststellen der Verwaltung - wie Personal, Beschaffung usw. - unterstützt. Das Pädagogische Zentrum umfaßt räumlich einen Plenarraum für ca. 250 Personen, einen Seminarraum für 20-30 Personen und Büroräume und ist medientechnisch gut ausgestattet. Verantwortlich ist der Leiter Dr. Loris Malaguzzi, unterstützt durch ein Sekretariat. Die in den Einrichtungen eingesetzten pädagogischen Beraterinnen und Werkstattleiter können als der eigentliche Mitarbeiterstab des Pädagogischen Zentrums bezeichnet werden. Die Effizienz des Pädagogischen Zentrums resultiert u. E. aus diesem Arbeitsverbund. Die Mitarbeiter sind an der Konzeptionsentwicklung und Auswertung beteiligt und können zugleich in den Einrichtungen als Multiplikatoren, Experten (Werkstattleiter) und Koordinatoren (Beraterinnen) wirken. Diese Mitarbeiter sind im allgemeinen an 4 Tagen der Woche in den jeweiligen Einrichtungen; ein Arbeitstag pro Woche ist für die übergreifende Zusammenarbeit im Pädagogischen Zentrum vorgesehen.

Die Steuerungsfunktion des Pädagogischen Zentrums soll anhand der drei wichtigsten Aufgabenbereiche skizziert werden:

* Konzeptionsentwicklung und Auswertung der pädagogischen Praxis,
* Beteiligung an der Umsetzung in den Einrichtungen.
* Praxisbezogene Weiterbildung.

Konzeptionsentwicklung und Auswertung der pädagogischen Praxis:

Sie geschieht praxisnah und auf der Grundlage der in den Einrichtungen gewonnenen Erfahrungen und Beobachtungen der Erzieher. Daher sind Konzeptionsentwicklung und Auswertungsarbeit untrennbar verbunden. Die Konzeptionsentwicklung bezieht sich vorrangig auf den pädagogischen Bereich und schließt Folgerungen für die Arbeitsorganisation und die Zusammenarbeit mit den Eltern ebenfalls ein. Die grundlegende Konzeption wird immer für die Arbeit mit den verschiedenen Altersstufen in Krippen und Kindergärten in Form von Arbeitsplänen konkretisiert. Sie enthalten Darstellungen von durchzuführenden Projekten und didaktische Arbeitshinweise.

Die Mitarbeiter des Pädagogischen Zentrums tragen dazu entsprechend ihrer unterschiedlichen Qualifikation und Aufgabenstellung arbeitsteilig bei. Während die Beraterinnen die Erreichung der pädagogischen Ziele kontrollieren und entsprechende Projekte vorschlagen, haben die Werkstattleiter die Aufgabe, Projektentwürfe unter Aspekten der ästhetischen Erziehung und Wahrnehmungspädagogik anzureichern. Sie schlagen Vorgehensweisen vor, durch die die Kinder im Zuge der Projektarbeit Techniken zur Wahrnehmungsverarbeitung und -erweiterung und zur darstellerischen Umsetzung lernen. Die Werkstattleiter sind als Spezialisten eingesetzt, die ihr kreatives Potential und technisches Wissen in die Projekte einbringen. Aufgabe der Beraterinnen ist es, mit zu überprüfen, ob der inhaltliche Projektzusammenhang unterstützt wird und die Gestaltungstechniken dem Niveau der Kinder entsprechen.

Beteiligung an der Umsetzung in den Einrichtungen

Die Umsetzung in die pädagogische Arbeit ist dreifach gewährleistet:

1. durch die praktische Arbeit der Werkstattleiter. Sie stehen in der Regel vier Tage in ihrer jeweiligen Einrichtung den drei Gruppen und deren Erziehern zur Verfügung. So begleitet eine Werkstattleiterin beispielsweise eine Gruppe bei einer Exkursion und gibt dokumentarische Hilfestellung (Tonband-, Film-, Fotoaufnahmen) oder arbeitet mit Kleingruppen in vertiefender Weise in der Kinderwerkstatt, ihrem eigentlichen Arbeitsplatz. Sie vermittelt dabei im Projektzusammenhang künstlerische Gestaltungstechniken und damit Darstellungsmöglichkeiten und Ausdrucksformen.

2. durch die pädagogischen Beraterinnen, die die praktische Arbeit in jeder der ihnen zugeordneten vier Einrichtungen an einem Tag pro Woche begleiten und in der von ihnen geleiteten Team-Sitzung zusammen mit Erziehern und Wirtschaftskräften auswerten. Die Beraterin ist für die Durchsetzung der pädagogischen Standards verantwortlich; hierzu berät sie die Mitarbeiter in „ihren" vier Einrichtungen, leitet sie an und kontrolliert zusammen mit ihnen die erreichten Ziele.

3. durch die Vorgabe der schriftlich fixierten Arbeitspläne, die im Sinne von Projektbeschreibungen und konkreten pädagogischen Anregungen gestaltet sind und die zugleich einen zeitlichen Rahmen für die Durchführung abstecken. Diese Arbeitsgrundlagen werden als wichtigste Voraussetzung angesehen, damit die Förderung der Kinder systematisch und gleichzeitig individualisierend erfolgen kann. Sie engen nach unseren Beobachtungen die erzieherische Freiheit der Mitarbeiter nicht ein, sondern schaffen eine Grundlage, von der aus sie eine eigenständige und fantasievolle Arbeit entwickeln können.

Praxisbezogene Weiterbildung

Die vom Pädagogischen Zentrum häufig am Wochenende durchgeführte Weiterbildung ist stark praxisbezogen. Die Inhalte werden aus der pädagogischen Konzeption abgeleitet und im Hinblick auf konkrete Arbeitsvorhaben diskutiert. Fortbildungsziele und -inhalte werden außerdem durch die Entwicklungs-und Auswertungsarbeit bestimmt. Beraterinnen und Werkstattleiter führen die Weiterbildung durch, ziehen aber von Fall zu Fall auch Spezialisten hinzu. Im Mittelpunkt der Fortbildung steht die Aneignung verwertbarer Arbeitstechniken.

Den Teilnehmern wird Gelegenheit gegeben, nach einer Phase der Erprobung neu erworbener Kenntnisse ihre Praxiserfahrungen in der Anschlußveranstaltung auszuwerten. Fortbildung wird im übrigen nicht nur für die pädagogischen Mitarbeiter der Einrichtungen, sondern auch für Wirtschaftskräfte und Eltern durchgeführt.

Der Leiter des Pädagogischen Zentrums mißt dieser praxisbegleitenden Fortbildungstätigkeit große Bedeutung zu. Die gängige Erzieher-Ausbildung wird weder allgemein als qualitativ befriedigend eingeschätzt, noch kann sie auf die spezifischen Anforderungen aus der pädagogischen Konzeption in Reggio und die dort erforderlichen kooperativen Fähigkeiten abgestellt sein. Auch die Ausbildung der pädagogischen Beraterinnen und der Werkstattleiter reicht für dieses Berufsfeld nicht aus. Übliche Ausbildungsgänge:

Beraterinnen	– Hochschulabschluß (Pädagogen/Psychologen)
Werkstattleiter	– Kunstpädagogen (Fachschule/ Kunstwerkschule)

Aus diesen Gründen sind die ständige Reflexion der Arbeit, das Moment wechselseitigen Lernens und die arbeitsfeldbezogenen Weiterbildungen sehr wichtig. Für die Erzieher führt dies im übrigen zu der Einschätzung, daß nicht der formale Schul-, bzw. Ausbildungsabschluß wichtigstes Kriterium für die Anstellung ist; als entscheidend wird die Eignung für die pädagogische Arbeit mit Kleinkindern angesehen. Dies schließt mit ein, daß Wirtschaftskräfte gegebenenfalls in die Erziehertätigkeit wechseln können.

Die Weiterbildung wird faktisch vom Pädagogischen Zentrum zu einer berufsbegleitenden Ausbildung systematisiert. Deshalb ist sie für die Mitarbeiter obligatorisch und die Umsetzung ihrer Ergebnisse ist verbindlich.

6. Einbeziehung von Eltern und Elternmitwirkung

Im Verständnis der Beteiligten kann die pädagogische Arbeit nur in enger Wechselwirkung mit den Eltern erfolgreich sein. Deshalb wird der Zusammenarbeit mit den Eltern in allen Belangen der Einrichtung große Bedeutung beigemessen – bei der Wahrnehmung von Leitungsaufgaben und im täglichen Ablauf.

Jede Einrichtung hat ein Leitungskomitee. Die Mitglieder werden alle zwei Jahre gewählt. Vorschläge kommen aus den Gruppen und aus der Bevölkerung. Im 'Zwischenjahr' können Elternvertreter der neuen Kinder durch Option hinzukommen. Das sichert die Kontinuität der Arbeit. Leitungskomitees sind unterschiedlich groß, je nach Größe der Einrichtung. In den Krippen bestehen sie aus 12-15 Personen, in den Kindergärten aus 20-30 Leuten.

Zusammensetzung:

- gewählte Eltern (mind. 50% des Kommitees),
- Erzieher,
- Beraterin,
- interessierte Bürger (oft Eltern oder Großeltern ehemaliger Kinder)

Das Leitungskomitee trifft sich zweimal in der Woche. Die Treffen dauern ca. von 21.00 Uhr bis manchmal 2.00 Uhr nachts.

Bei unserem Treffen mit Komiteemitgliedern antworteten Eltern auf unsere Frage, wie sie diese Zeit erübrigen können: „Die Kinder sind doch unsere Zukunft, da brauchen wir Zeit, alles zu besprechen!“ Und als wir fragten: „Was macht das Komitee?“ sagten sie lachend: „Alles, sogar die Möbel!“ Vor allem beschäftigt sich das Komitee nach unserer Information mit folgenden Aufgaben:

- praktisch-organisatorische Aufgaben,
- pädagogische Projekte,
- Erziehungsziele/-richtlinien,
- Aufnahme neuer Kinder/ Aufnahmekriterien.

Diese Aufgaben werden in Ausschüssen bearbeitet.

Ein interessanter Aspekt ist die *Neuaufnahme von Kindern* durch das Komitee:

Es gibt gewöhnlich mehr Vormerkungen als freie Plätze in den Einrichtungen. Im Kindergarten Diana warten z.B. 50 Kinder auf 30 Plätze. Alle Wartelisten-Eltern werden zunächst zu einer öffentlichen Versammlung eingeladen und mit den Kriterien für die Aufnahme (Punktsystem) bekannt gemacht. Die Eltern füllen dann Fragebogen aus und werden zu einem persönlichen Gespräch mit zwei bis drei Komiteemitgliedern eingeladen.

Die Kriterien für die Dringlichkeit der Aufnahme eines Kindes werden immer wieder neu erarbeitet. Der Fragebogen gibt u.a. Auskunft über folgende Daten:

- Personalien der Familie (Eltern, Geschwister, weitere Familienangehörige)
- Berufe
- Wirtschaftliche Situation in der Familie
- Abwesenheitszeiten der Eltern von der Familie, Wegezeiten zur Arbeit
- andere Kinder in Einrichtungen
- Großeltern im Haushalt oder in der Nähe?
- behinderte Kinder in der Familie?

ELTERNMITWIRKUNG

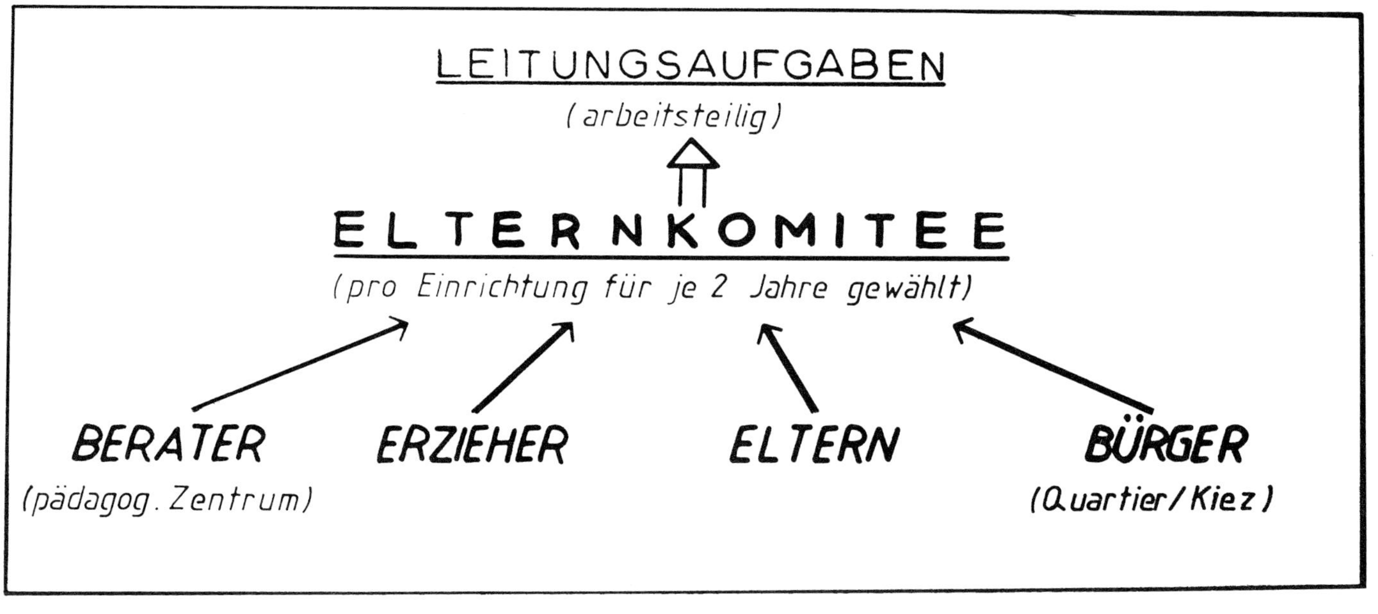

– Probleme der Familie
- Haus, Wohnungssituation
- Spielmöglichkeiten für die Kinder (Garten, Hof)

(Alleinstehend wurden in diesem Zusammenhang Familien ohne Großeltern bezeichnet. Alleinstehende Eltern in unserem Sinne gibt es kaum; die Zahl liegt unter 1%).

Das persönliche Gespräch der Komiteemitglieder mit beiden Eltern soll über die Fragebogen hinaus Informationen über die Probleme der Familie zusammentragen (persönliche Spannungen, Krankheiten, Alkoholismus, Drogenprobleme u.a.). Dabei wird mit großer Offenheit über Belastungen der Familie und die Bedingungen, unter denen das Kind aufwächst, geredet. Nach diesem Gespräch findet die endgültige Punktvergabe statt: Kinder, die den Platz aufgrund der Sozialen Situation besonders nötig haben, bekommen viele Punkte.

Die Eltern kämpfen sehr um Plätze, legen bei Nichtaufnahme oft Einspruch ein, z.B. wenn sie glauben, daß man sie selbst unter- oder andere überbewertet hat. Da die Wohnviertel sehr klein sind und jeder jeden in der Nachbarschaft kennt, kann man - wie die Eltern sagen - keine falschen Tatsachen vorspiegeln und „braucht keine Detektive zu schicken".

Da dieses Auswahlverfahren recht aufwendig ist, wird gelegentlich darauf verzichtet, z.B. wenn nur wenige Kinder „überzählig" sind. In der Krippe Panda waren bei Neueröffnung 2 Kinder zuviel auf der Warteliste. In diesem Fall entschließt man sich eher in Absprache mit allen Beteiligten zu einer Überlegung einer Gruppe mit einem Kind oder zur Einrichtung einer Notgruppe auf Zeit (elastische Handhabung).

Beim Übergang von der Krippe in den Kindergarten, die jeweils getrennte Einrichtungen sind, ist ein neues Bewerbungsverfahren nötig. Es kann sein, daß Eltern dann aufgrund einer zu geringen Punktzahl für einen bestimmten Kindergarten abgelehnt werden. Bisher sind aber alle Krippenkinder in einem kommunalen Kindergarten aufgenommen worden.

Die Kriterien für die Aufnahme werden von den Eltern zum Teil kritisch gesehen und sind auch ständig in Reform.

Einbeziehung der Eltern durch Information und Aktivitäten:

Zum Informationsaustausch gehören:

- ausführliche Fragebögen über jedes Kind beim Eintritt in die Einrichtung,
- Bedürfnisse, Gewohnheiten, Interessen der Kinder werden auf großen, kunstvollen Plakaten übersichtlich für jedes Kind der Gruppe dargestellt und im Gruppenraum oder Flur aufgehängt.

Inhalt dieser Plakate kann fast jede Äußerung von Kindern sein: Was sie am liebsten essen, was ihre Eltern denken, tun, was sie sich wünschen, auf welche Weise sie am liebsten einschlafen, wer zu ihrer Familie gehört etc. Auch die Beziehungen der Kinder zueinander werden so öffentlich gemacht, in der Krippe durch Fotos von den Kindern. Die Tafeln regen die Eltern auch an, darüber mit den Kindern und den Erziehern zu sprechen.

- Jede Erzieherin führt ein Buch über tägliche Vorkommnisse, das offen im Gruppenraum als Mitteilung für die Eltern ausliegt und auch gelesen wird. In der Krippe bekommen die Eltern darüberhinaus gelegentlich einen Zettel, auf dem vermerkt ist, ob ihr Kind gegessen, geschlafen oder Stuhlgang gehabt hat.
- Die Eltern werden morgens regelmäßig nach Ereignissen in der Familie gefragt, die Erzieherinnen erzählen von ihren Plänen, wodurch ein gegenseitiges persönliches Interesse entsteht.
- In der Eingangshalle sind Mitteilungen der Mitarbeiter ausgehängt. Sie informieren über wöchentliche Dienstpläne, Zusammenarbeit der Mitarbeiter, Geburtstage und Adressen. Daneben hängen Listen zu den Eltern- und Erziehergremien: Thema, Mitglieder, Treffpunkt und einladende Plakate für Feste und Aktivitäten.
- Elternabende in den Gruppen finden ca. 6-mal im Jahr statt. Vorschläge für die Elternabende machen die Erzieher.

Die Organisation übernimmt das Leitungskomitee. Zu den Elternaktivitäten gehören: kleine Vorbereitungen zusammen mit den Kindern abends herzustellen - z.B.: ein Photobuch über die Familie, Blätter, Kartons und sonstiges Material zu sammeln, kleine Aufgaben zu erledigen wie etwa zum Thema Wetter den Himmel mit den Kindern beobachten. Die Eltern sind auf diese Weise fast täglich in die Kinderarbeit einbezogen und bekommen zugleich Anregungen, was sie zu Hause zusammen mit ihren Kindern tun können. Zum anderen werden Eltern zu Ausflügen und Kinderreisen mitgenommen.Sie bereiten Feste und Basare vor, räumen abends mit auf und beteiligen sich an der Gestaltung der Räume und des Gartens.

Insgesamt gesehen sind die Eltern stark in das Krippen- und Kindergartenleben einbezogen. Sie werden in jeder Beziehung ernst genommen und als kompetent angesehen. „Wir Eltern, unsere Kinder und die Erzieher sind eine Lebensgemeinschaft auf Zeit,“ haben uns Eltern im Gespräch gesagt.

Bezirksamt Schöneberg von Berlin

DOKUMENTATION DER AUSSTELLUNG UND FACHTAGUNG REGGIO

Kleinkinder-Erziehung in Reggio nell' Emilia: Wie Kinder wahrnehmen, denken und gestalten lernen. Dr. Loris Malaguzzis pädagogisches Konzept der Kleinkinderziehung in Reggio nell' Emilia.

Ausführliche Darstellung der Arbeitsgruppen:
- Identitätsfindung
- Orientierungsfindung in Raum und Zeit
- Rollenspiel/Puppenspiel
- logisch-mathematisches Denken

FIPP-Verlag, 174 Seiten